エジプトタロットの世界

黒田 聖光 著

東洋書院

はじめに

　タロットといえば、主にＵＳゲームズ・システムズ社が発売している、ウェイト版ともいわれるライダー版が一般的ですが、実はタロットにはいくつかの流れがあり、そのひとつにエジプトタロットがあります。その歴史は古く、ライダー版よりも 100 年以上も前から存在し、悩める人々を救ってきました。この本は、そんなエジプトタロットに特化した画期的な内容となっています。

　「ライダー版タロットが合わない」「分からない」という声を時々聞きますが、それは絵柄がその人に合わなかったのでしょう。筆者もその一人で、ライダー版のタロットをみても何も感じないといいますか、カードの世界に入り込むことができませんから、世間的にはタロットの落ちこぼれなのかもしれません。

　しかし、タロットの海は広く、そんな筆者に手を広げて受け入れてくれるタロットがあったのです！ 筆者は 10 代よりカルトゥーシュカードという、エジプトモチーフの 25 枚の占いカードを使っていましたので、エジプトは大好物。エジプト絵柄のタロットは、嬉しいほど筆者になじみ、占いを授けてくれたのです。
　あなたもまた、エジプトが好きでタロットも好きならば、エジプト絵柄のタロットは「ウエルカム！」とばかりに寄り添ってくれるはず。そして、占いを超えた神託の領域に、いつの日か連れて行ってくれると信じて、日々占いをする──。そんな終わりのないタロットの旅に、この本が一役買ってくれれば幸いです。

なお、本書は100年以上前に書かれた本をもとにしていることもあり、社会的地位や身体的特徴などについて、今日からみれば違和感をおぼえる記述があるかもしれません。著者としては、エジプトタロットがもつ歴史や神秘性を損なわないようにしつつ、読者の皆様個々の解釈によって現代の社会規範に対処できるかたちになるよう、そうした箇所は抑制して記しました。どうぞご了承ください。

目　次

1章 エジプトタロットとは

フランス生まれのエジプトタロット

　エジプトタロットはエジプト生まれではありません。古代エジプトでタロット占いがされていないどころか、22枚の大アルカナの原型がエジプトに由来しているわけでもありません。しかし、中世ヨーロッパの錬金術師や魔術師をはじめ、多くの思想家たちが神秘的な事象の起源をエジプトに求めたように、タロットもエジプトに起源を持つという考えがフランスで生まれたのです。

　牧師から著述家になったフランスのクール・ド・ジェブランは1781年の『原始起源』において、「タロット（tarot）の語源はエジプト語のTARとRHOを合わせた"王の道"」と著すと、パリに住むひとりの男がそれに応え、エジプトタロットを完成させます。

世界初の占いタロットの誕生

　彼の名はエテイヤ。本名であるアリエッテ（Alliette）のつづりをさかさまにしたもの（Etteilla）を雅号に占い師として活躍していた彼は、1789年のフランス革命が起こる数か月前、それまで賭

博道具だったタロットを、占いの道具として誕生させたのです。それまで賭博で使われていたマルセイユ版タロットの絵柄とは大きく異なり、エテイヤいわく「失われていたエジプトの絵柄に直した」ものでした。

現在発売されているフランス・カルタ社の『グランドエテイヤ・エジプシャン・ジプシー・タロット』は、発売当時の絵柄をほぼ踏襲しています。

　絵柄をよく見ると、当時のヨーロッパの服装をした人物が描かれているなど、古代エジプトにしてはちょっとおかしなところがあります。この当時、古代エジプト文字であるヒエログリフが解読されていないどころか、ナポレオン率いる画家や専門家からなる大調査団もエジプトへ出発していません。
　そんな状況ですから、当時のフランス人からしたら「ピラミッドをはじめとした巨大建造物がそびえ、多くの神々が眠る夢の国」という認識で、口伝や書物で伝え聞いたことがエジプトのすべてでした。ですから、間違えなくエテイヤの作ったタロットは、当時最先端の古代エジプトの知見から生まれたものなのです。

「エジプトモチーフいっぱいのタロットだと思って喜んで買ったのに、絵が全然エジプトと違う！」と、がっかりした話をたまに聞きますが、これはそういった理由なのです。

エティヤの作ったエジプトタロットは当たると評判になり、彼の死後もいくつかのメーカーから定期的に発売され、200 年経った今も販売されています。

ルノルマンカードで有名な占い師ル・ノルマンも、このタロットを勉強したといわれています。

現代に通じる作画が登場

史上初のエジプトタロット誕生から約 100 年後、フランスのポール・クリスチャンが 1863 年に『テュイルリー宮殿の赤い男』を、1870 年には前作を補足した『魔術の歴史』を発表します。

カバラ（ユダヤ教の秘儀）や魔術の研究家だったエリファス・レヴィから教えを受けた彼は、師が考案したエジプト絵柄のタロットも参考にしながら、独自の世界観を加えたタロットの本を著したのです。現在、絵柄の付いた 22 枚のカードを大アルカナといいますが、1863 年の本のなかで秘密奥義を意味する「アルカナ」という言葉が初めて使われました。

2 冊とも具体的なタロット画はありませんでしたが、『魔術の歴史』には絵柄の解説とともに、ギザの大スフィンクスの地下にあるというタロット神殿の様子と、そこで行われている儀式についても書かれていました。

『魔術の歴史』に描かれた、タロット神殿で行われたとされる「最初の試練」の様子の挿絵

　この話はファンタジーなのですが、エテイヤの時代よりも実地的なエジプト研究が進み、1826年にはルーブル美術館にエジプト部門が誕生します。謎に包まれていた古代エジプトのベールがゆっくりと明かされ始めたこともあり、タロットもそれを反映した絵柄になっているのが興味深いところです。

　その後の1896年に、フランスのロベール・ファルコナーが『タロット予言のための22のヘルメス詩』を発表します。この本はポール・クリスチャンの本を加筆修正したものですが、注目すべきは22枚の大アルカナについての絵が載っていることでした。エテイヤ版とは異なり、ほぼすべてのカードに古代エジプト調の絵が、モーリス・O・ウェゲナーによって描かれていました。

『タロット予言のための 22 のヘルメス詩』にあるタロット画

　1901 年になると、手相占いで名を馳せたフランス生まれのサン・ジェルマンが『実践占星術』のなかで、78 枚すべてに絵柄が描かれたエジプトタロットを発表します。大アルカナは 1 枚だけ描き直したもののあとは『タロット予言のための 22 のヘルメス詩』と同じものが、小アルカナはポール・クリスチャンの『テュイルリー宮殿の赤い男』を踏襲した解説文と絵柄が描かれていました。

　1909 年には、フランスの医師でオカルティストのパピュスが『タロット占い』の中で、ジャン・G・グリーナが作画担当したタロット画を発表します。78 枚で構成され、大アルカナはロベール・ファルコナーやオズヴァルド・ヴィルト（1889 年発表）などの影響を受け、小アルカナはエテイヤを踏襲しつつも古代エジプトの世界観を持つ絵柄でした。

1909年にパピュスが発表した『タロット占い』にあるタロット画

　その後、フランスで発展してきたエジプトタロットが世界に飛び立ちます。ＡＧＭウラニア社『アイビス（イビス）・タロット』やＵＳゲームズ・システムズ社『ブラザーフッド・オブ・ライト・エジプシャン・タロット』など、ポール・クリスチャンが著し、モーリス・Ｏ・ウェゲナーが作画したタロットを踏襲したものが主流となる一方、個性的なものも発売されます。

　ロ・スカラベオ社『クレオパトラ・タロット』やレウェリン・パブリケーションズ社『イシュベルズ・イシステンプル・タロット』、スペインのフルニエ社『エジプシャン・タロット』など、エジプトの神々にフォーカスを当てたものや、60年以上エジプトを統治して大王といわれたラムセス２世をモチーフとしたロ・スカラベオ社『ラムセス・タロット・オブ・エタニティ』など、考古学の発展とともに、メディアを通じて一般の人々もエジプトに触れる機会が増えたことを反映するように、個性豊かなエジプトタロットが発表されています。

日本でも、1974年に辛島宜夫先生が『タロット占いの秘密』を二見書房から出版します。エジプト調の78枚のカードと解説書がセットになったもので、30年以上にわたるロングセラーとなりました。

フランスだからこそ生まれた理由

　200年以上前にフランスに端を発したエジプトタロットですが、フランスだからこそ生まれた理由があります。

　フランスは987年より、カペー家を中心とした家系が王位を継承していくようになり、貴族など特権階級が権力を握る、キリスト教を国教とした国となります。貴族たちがベルサイユやルーブルといった豪華な宮殿で、きらびやかなドレスに身を包み、豪華な食事を毎日のように楽しんでいた頃、庶民の生活は貧しく苦しいものでした。

　不作続きで飢餓に陥っているにも関わらず重い税を課す王に、国民は不満を募らせていきました。王に歯向かったところで、政治犯としてバスティーユ監獄に入れられます。王政とキリスト教という、ふたつの巨大な権力に対抗するため、それよりも古いエジプトの神々がパリの街を作ったという考えが幾度も起こりましたが、王政を倒すまでには至りませんでした。

　しかし、18世紀後半に、ようやく国民にチャンスが回ってきたのです！　イングランドで芽ばえた啓蒙思想がフランスに入ると同時に、処女受胎でホルスを授かったエジプト神イシスが聖母マリアとイメージが重なることから、キリスト教よりも古い歴史を

持つ古代エジプトの神々へ回帰しようという声が出始めます。

そして、パリはバリスといわれるイシスの船が描かれた紋章を持つ街だったという説や、ノートルダム寺院はもともとイシス寺院のあった場所に建てられたもので、聖母像は実はイシスだという説など、パリはイシスの街とする説が次々に流れました。

古代エジプトが注目を集め、エジプト熱といわれる一大エジプトブームが巻き起こると、1789年7月、ついにバスティーユ監獄が国民によって襲撃され、フランス革命が起こったのです。国民が圧倒的な勝利を収めると、自由・平等などを掲げたフランス人権宣言が採択されます。

革命を経て平和になると思いきや、政治は不安定なままで、人々は安堵して暮らせる状況ではありませんでした。さらに19世紀半ばにはフランスでも産業革命が起こります。イギリスから機械製品が次々に輸入されると、それまでの仕事が一変することとなり、人々の生活はますます混乱していったのです。

そのような激動の日々、人々のあいだで救いを求めるかのように流行ったのが占いでした。エティヤの作ったエジプトタロットはもちろんのこと、現在オラクルベリーヌと呼ばれる魔術師エドモンが開発した、エジプトモチーフの占いカードも人気になったのです。

当時のフランス国民にとって、古代エジプトは古くて遠い国だけど、革命をもたらし自由を与えてくれた神の故郷として、身近で特別な存在だったといえます。その心は、今も国民の心の中に眠っているかもしれません。

2章 エジプトタロットの基本

大アルカナと小アルカナ

　タロットは、人物などの絵が描かれた 22 枚の大アルカナと、1
〜10 の数札 4 種と、人物が描かれた 16 枚の人物札からなる 56 枚
の小アルカナを合わせた、計 78 枚で構成されています。現在販売
されているエジプトタロットも、この枚数のものがほとんどで
す。

　占いにおいて、78 枚全部のカードを使わないといけないと思う
人もいるかもしれません。しかし、小アルカナを使わない人もお
り、市販のタロットの中には大アルカナのみのものもあります。

ふたつの種類があるタロット

　タロットを大きく分けると、ライダー版とマルセイユ版の 2 種
類があります。どちらも大アルカナ 22 枚、小アルカナ 56 枚の合
計 78 枚で構成されています。しかし、中身の構成に違いがありま
す。

　大アルカナをみると、ライダー版に準じたものは 8 番が力、11

番が正義です。マルセイユ版に準じたものは8番が正義、11番が力になっています。

　エジプトタロットは、8番が天秤と聖剣、11番が飼いならされたライオンで、正義と力に対応します。2つの版とは名称も絵柄も異なりますが、根本的な意味や絵柄は継承されており、マルセイユ版に準じた番号が振られたものが多いです。

　マルセイユ版に準じたシンプルな絵柄に合わせてエジプトの象形が描かれているなど、小アルカナも版によって絵柄が異なります。

　ライダー版に準じたものは、意味に合うような絵がすべてのカードに描かれています。一方、マルセイユ版に準じたものは、人物札には人物が描かれているものの、数札には王笏が5本だけといったシンプルな構成になっています。

　エジプトタロットは、こちらについてもマルセイユ版に準じたものが多いようです。

裏面のデザインについて

　タロットの向きには正位置と逆位置があり、それぞれ意味が変わる場合もあります。

　裏面をみると、正位置・逆位置のどちらか分からないシンメトリーの絵柄と、裏面からも正位置・逆位置が分かるものがあります。

どちらのタイプも正位置・逆位置で異なる意味をとってかまいませんが、裏面からでも正位置・逆位置が分かるタイプの場合は正位置・逆位置で意味を変えないのが一般的のようです。

エジプトタロット購入ガイド

　本書では、ポール・クリスチャンが著した２冊の本と、ロベール・ファルコナーが著しモーリス・Ｏ ウェゲナーが作画したものをメインにしつつ、大アルカナ【２ 超自然聖域への扉】とすべての小アルカナについてはサン・ジェルマンが発表した作画を使って解説していきます（以下、この組み合わせを基本画と記します）。

　これらは歴史が古いだけでなく解説文も秀逸なことから、現在市販されている多くがこの絵を元に作られています。
　基本画にいちばん近いのは、US ゲームズ・システムズ社『エジプシャン・タロット・デッキ』という、ベージュの台紙に茶色の一色刷りのシンプルなタロットですが、残念ながら絶版となっています。

　現在市販されているタロットをいくつか紹介しましょう。これらは本書と親和性が高く、カード解説においても触れているものです。星の数は、本書の基本画および解説との親和度です。購入の参考になると幸いです。

　タロット占いは、描かれている絵を質問とリンクさせて答えを

導いていきますので、情報を豊潤に受け取れる、想像力が湧き立つようなタロットを選ぶのがポイントです。

　ただし、これは個人の感覚に左右されるため、友達が良くても自分はダメな場合もあります。画像で見ただけでは不十分で、実際に使ってみないと分からないもの。「これはないな」と思っていたタロットが一番使いやすかった！なんてことはよくある話です。

　タロットは集めることも楽しみのひとつです。入手したものが使いにくいのならコレクションとして楽しめばいいので、悩むことなく買って、使ってみることをおすすめします。
　なお、世界初の占いタロットであり、元祖エジプトタロットであるフランス・カルタ社『グランドエテイヤ・エジプシャン・ジプシー・タロット』やロ・スカラベオ社『ブック・オブ・トート』といったエテイヤ版のタロットは、カード構成などが特異なため、本書では割愛します。

　一部の販売店において、紙質も印刷も粗悪な偽物を売っているところがあるようです。値段が安ければ偽物と疑って良いですが、本物と変わらない値段の場合もあるようです。
　カードの履歴（https：//www.phgenki.jp/）やニチユー株式会社の主催するタロット展、ペンタクル（https：//pentacle.jp/）といった信用できるサイト、あるいは実店舗で購入すると良いでしょう。

アイビス（イビス）・タロット
発売：AGM ウラニア社
IBIS TAROT
AGM Urania
☆　☆　☆　☆　☆

　基本画をほぼ再現し、はっきりとした色合いで着色。小アルカ
ナは基本画を踏襲しつつ加筆と彩色を施しています。裏面はアイ
ビスの名の通り、トト神という鳥であるトキの頭を持つ神が描か
れており、正逆が裏から分かるタイプ。オーストリアの画家ジョ
セフ・マヒンカが作画。
※以下『アイビス・タロット』と表記します。

ブラザーフッド・オブ・ライト・エジプシャン・タロット
発売：ＵＳゲームズ・システムズ社
Brotherhood of Light Egyptian Tarot
U.S.Games Systems
☆　☆　☆　☆　☆

　基本画をほぼ再現し、ソフトな色あいで着色。カード名称が書
かれていないため、慣れるまで戸惑う人もいるかもしれません。
小アルカナは基本画を踏襲しつつもオリジナルな絵柄。裏面は六
芒星が描かれ、正逆が裏から分らないタイプ。アメリカの魔術結
社・光の教会を運営するＣ．Ｃ．ザインが制作指揮。
※以下『ブラザーフッド・タロット』と表記します。

エジプシャン・タロット
発売：ロ・スカラベオ社
EGYPTIAN TAROT
Lo Scarabeo
☆　☆　☆

　基本画を踏襲しつつ、一部のカードには独自の絵柄が描かれています。エジプトの古代紙パピルスに描かれており、とても雰囲気が良いです。小アルカナは基本画とは異なり、マルセイユ版のようなシンプルな絵柄のなかにエジプトの象形が描かれています。裏面は表裏がわかるタイプと分からないタイプの両方がある。シルバナ・アラジアが作画。
※以下『エジプシャン・タロット』と表記します。

ネフェルタリ・タロット
発売：ロ・スカラベオ社
NEFERTARI'S TAROTS
Lo Scarabeo
☆　☆

　大王・ラムセス２世の正妻であるネフェルタリ王妃をテーマにしたタロット。ほとんどのカードは基本画とは異なる独自の絵に、金色で背景が塗られたゴージャスな仕様。小アルカナはライダー版ほどではないものの、意味に沿ったエジプト画が描かれています。裏面は表裏がわかるタイプと分からないタイプの両方が

ある。『エジプシャン・タロット』と同様にシルバナ・アラジアが
作画。

※以下『ネフェルタリ・タロット』と表記します。

3章 エジプト神話の世界

　代々王家に伝えられたエジプト神話。実は、本書でスタンダードとしている基本画では、エジプトの神々はあまり登場しません。しかし、古代の思想や世界観を知ることは絵柄の理解を深め、占いの解釈を広めてくれるはずです。

　エジプト神話はいくつかありますが、その中から代表的なものをご紹介します。
　なお、きょうだいが夫婦や親子になったりするなど、矛盾する箇所が出てきます。神という人智を超えた存在の話であるため、その点は流して読んでください。

原始の水から生まれた太陽神アトゥム

　太陽神であるアトゥム（のちのラー）がまだ地上に現れていない頃、すべては宇宙の暗闇に包まれていました。大地もまだありませんから、植物や人間、動物も存在していません。唯一あるのはヌンという原始の水で、黒い海が広がるだけでした。水の中にはアトゥムがいましたが、外へ出ないことには天地ができず、世界も創造されません。アトゥムは原始の丘を創るとそこへ上がり、闇を照らし始めたのです。

その後、アトゥムはひとりで大気の神シュウと湿気の女神テフヌトを誕生させます。やがて２神は夫婦となり、大地の神ゲブと天空の女神ヌトを誕生させます。この２神も夫婦になりましたが、とても仲が良く、いつも一緒にいて離れようとしません。これでは太陽や大気、湿気の神々が、大地と天空の間を巡ることができません。困り果てたシュウは、ゲブとヌトの間に入り込みふたりを引き離すと、ようやく天地が分かれ、空と大地が創造されたのです。

天空の女神が宿すエジプトの神々

　そのときヌトは、お腹に新しい命を宿していました。アトゥムは、ゲブとヌトのせいで天地の創造が遅れたことに腹を立てていたため、１年にある 12 の月のうち、どの月にも子どもを産んではいけないと命じたのです。

　困ったヌトは、知恵と魔法の神であるトトに相談しました。同情したトトは月の神へ出向き、「あなたとゲームをして勝ったら出産を認めてほしい」と提案します。そして見事に勝ち、出産を許可してもらったのです。ヌトはその知らせを聞くと大変喜び、オシリス、イシス、セト、ネフティス、ホルスの５神を産んだのです。

　アトゥムからラーへと名前を変えた太陽神は、さらに創造を進めていきました。プタハなど他の神々の力も借りて、水や土、植物や動物といった自然はもちろんのこと、人間なども創造しま

す。すべての創造物はラーに敬意を払い、平和に暮らしていました。しかし、ラーの権力は若い頃は絶大なものでしたが、寄る年波には勝つことができません。それを見計らい、隠れていた反勢力が反乱を起こしたのです。

　ラーは、失望するとともに大変怒りました。ラーの象徴でもある片目を女神セクメトの姿に変えると、反乱者に投げつけたのです。地上の王ライオンの頭を持つセクメトは、次々に反乱者を殺し、鎮圧したのです。

暴走を止めないセクメト

　その後もセクメトは殺すことを止めませんでした。人間たちがいくら神殿で祈りを捧げても暴走を止めることはできず、罪のない人間たちが次々と殺されていくことが何日も続きました。

　すべてを壊していくかのようなセクメトの姿を見て、ラーは恐れをなします。他の神々と相談し、ビールを飲ませて酔わせることにしました。人間たちは麦を踏んでビールを作りはじめ、セクメトが好むようにビールに人間の血のような赤い色をつけて、セクメトに渡したのです。

　セクメトは、血の色をした良い香りのするビールを口にすると、たちまち飲み干しました。次から次へと飲むうちに酔いが回っていき、いつしか寝てしまいました。この隙に、ラーはセクメトの力の一部を封印したのです。以降、セクメトの持つ恐ろしい

破壊力は、主に人間の病気を治すために使われるようになりました。

　無事に平和を取り戻したものの、ラーはこの事件で大変疲れてしまいました。地上をオシリス、イシス、セト、ネフティスの4神に任せることにして、太陽神ラーは天へと昇っていきます。そして、創造物を守護するため、東から西へと毎日休むことなく天を巡り始めたのです。

兄オシリスに嫉妬するセト

　ラーが地上から去ると、長男であるオシリスが国王となり、妻イシスとともに治めていきました。その手腕はすばらしく、国民に非常に信頼されました。

　弟であるセトは、妻ネフティスとともに国王の補佐をしていましたが、セトはオシリスの大変な人気に嫉妬していました。ある日、オシリスが神殿を留守にした隙に、セトは仲間とともに罠にかける計画を立てます。そして、オシリスが帰ってきたことを祝う晩餐会で、その悲劇は起きたのです。

　宴もたけなわとなったとき、美しい箱が会場に登場します。ピタリと体が入る者にこの箱をプレゼントするという、奇妙なゲームが始まったのです。合う者は誰もいませんでしたが、オシリスだけは寸分違わず収まりました。オシリスが箱に入るや否や、セトは仲間とともに蓋を閉じ、川へと投げ捨てたのです。

箱は、ビブロスという土地にまで流れていき、川辺の木にようやくひっかかりました。木は、箱を包み込むように成長していき、やがて箱が見えなくなるまでに育ちました。そのことを知らないビブロスの国王は、オシリスの箱が隠れている大木を発見すると、神殿の柱に使うために切り倒し、箱とともに持ち帰ったのです。

魔法使いイシス

　オシリスを捜す旅に出た妻イシスは、夫の入った箱がビブロスにあることを知ります。イシスは箱に近づくためにビブロスの宮殿で働き、夜になると鳥に姿を変え、オシリスのいる柱の周りを飛び回って嘆きの声を上げました。その様子を見た王妃は非常に驚きましたが、チャンスとばかりにイシスは魔法を使い、オシリスの入る箱を取り戻すことに成功したのです。

　それで終わりではありませんでした。セトはイシスが寝ている隙に、再び箱を盗んだのです。二度と見つけられないように、今度はオシリスの体を14に切り刻み、国中にばらまきました。

　イシスは再び旅に出ると、遺体を次々と見つけだします。その運搬はワニ姿の神ソベクが担いました。イシスは、拾った遺体をつなぎ合わせ、無い部分は複製を作って、再生復活させる魔法をかけたのです。そして、一時的によみがえったオシリスの子どもを身ごもります。ほどなくオシリスはこの世を去り、冥界の王と

なりました。

ホルスを襲うセト

　セトは、イシスのお腹にいるのがオシリスの子どもだと知る
と、殺害を企てました。イシスは子どもを守るために魔術を使い
ながらセトの魔の手から逃れ、人里離れた自然豊かな場所でホル
スを無事に出産します。幼いホルスを殺そうと、セトは毒を仕掛
けますが、イシスは魔術を使いながら守りました。

　ホルスは王子という立場にありながら、一般の市民と変わらな
い普通の環境で育ちました。そのためか、地位や見た目に左右さ
れない公平な心を持ち、人の気持ちもわかる子どもになります。
幼少の頃は体が弱く病気がちでしたが、やがて強靱な肉体と美し
い容姿をもつ若者に成長しました。

　ホルスが成人すると父親の仇を取るべく、戦いの旅に出ます。
勇気ある態度で公正に戦うホルスに対して、反則的な兵器で攻撃
を仕掛けるセトとの戦いは激しいものとなり、ホルスはセトに目
を取られたこともありました。

　戦いは 80 年も続きましたが、決着がつきません。このため、ホ
ルスが知恵の神トトに審判を依頼したところ、勝者はホルスと判
定されたのです。

　王国に再び平和が訪れます。王座に就くようホルスから促され

たイシスは、それを断りホルスを王にしました。イシスはそれを
見届けると、夫オシリスの元へと旅立ったのです。

追放されたセトのその後

　審判に負けたセトは、王国の大地から追放されました。セトの
その後について、いくつかの説があるので紹介します。

　１つめは、太陽神ラーの守護役となったという説です。セトは
大きな猫に姿を変え、太陽神の進む道を邪魔する大蛇アポピスを
退治したといいます。すなわち、天体現象の日食を起こす天空の
魔物に対抗できるのは地上の魔物ということです。

　２つめは、魔物のいでたちで地下に拘束されたという説です。
時々起こる雷の響きは、セトの呻き声だとされます。

　３つめは、砂嵐と暴雨の神として自然災害を引き起こしつづけ
たという説です。台風の語源でもあるティフォンというギリシャ
神がいますが、これはセトがモデルとされます。

4章 大アルカナ・カード解説

解説のまえに

　タロット画は、2章の「エジプトタロット購入ガイド」で紹介した本書の基本画を掲載しています。解説文などについては、ポール・クリスチャンの『魔術の歴史』と、ロベール・ファルコナーの『タロット予言のための 22 のヘルメス詩』を翻訳したものに加筆修正したもので、2章の「エジプトタロット購入ガイド」で紹介した市販の4つのタロットについても触れています。

　解説文は、天界にいるタロットの主が地球に住む私たちに、語り掛けるように進んでいきます。気に入ったエジプトタロットを用意して、アルカナの放つメッセージに思いを馳せてください。

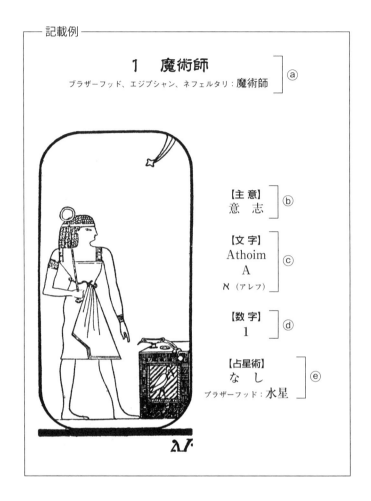

記載例

1　魔術師

ブラザーフッド、エジプシャン、ネフェルタリ：**魔術師** ⓐ

【主 意】　ⓑ
意　志

【文 字】
Athoim　ⓒ
A
א　（アレフ）

【数 字】　ⓓ
1

【占星術】
な　し　ⓔ
ブラザーフッド：**水星**

ⓐ カード名称

　いちばん上に書かれているものです。ポール・クリスチャンやサン・ジェルマンが著したもので、『アイビス・タロット』には同じ名称がカード下部に英語で書かれています。

　下段は、『ブラザーフッド・タロット』『エジプシャン・タロット』『ネフェルタリ・タロット』で用いられている名称の和訳です。

『ブラザーフッド・タロット』はカードに書かれていませんが、ポール・クリスチャンやサン・ジュルマンの流れを汲んだ、魔術的な雰囲気が漂う名称がついています。

『エジプシャン・タロット』『ネフェルタリ・タロット』は、ライダー版にも通じる名称が4か国の言語で書かれています。これは、イタリアを拠点としているロ・スカラベオ社のタロットの特徴でもあります。

市販のタロットには、カード番号が書かれています。『アイビス・タロット』は絵の下に、その他は絵の上部にあります。

『ブラザーフッド・タロット』は、私たちが普段使っているアラビア数字が、そのほかはギリシャ数字で書かれています。Ⅳ（4）とⅥ（6）、Ⅸ（9）とⅪ（11）は、Ⅰが左右のどちらについているかで数が違うので、注意してください。

アラビア数字	1	2	3	4	5	6	7	8	9	10	11
ギリシャ数字	Ⅰ	Ⅱ	Ⅲ	Ⅳ	Ⅴ	Ⅵ	Ⅶ	Ⅷ	Ⅸ	Ⅹ	Ⅺ

ⓑ 主　意
　ひとことでそのカードを表している言葉です。

ⓒ 文　字
　上から、カードに対応する古代エジプト文字を英単語にしたもの、英文字、ヘブライ文字が書かれています。
　古代エジプト文字とは、ポール・クリスチャンが創作したもので、英文字やヘブライ文字はそれと対応します。基本画や『アイ

ビス・タロット』『ブラザーフッド・タロット』『エジプシャン・タロット』において、右下に記号のようなものが描かれているのがそれです。

　『ブラザーフッド・タロット』には、古代エジプト文字と対応する２種類の文字も下部に書かれており、中央にあるのが英文字、左にあるのはヘブライ文字です。

　ヘブライ文字は、中世ヨーロッパに秘儀として伝えられたカバラに通じる文字として、隠秘学では秘術的な要素を持ちます。

ⓓ 数　字

　各カードに対応する数字です。これは、ヘブライ文字と対応するもので、カード番号とは異なる場合もあります。

ⓔ 占星術

　西洋占星術と対応する星座や惑星です。

　上段は、基本画と『アイビス・タロット』『エジプシャン・タロット』のもので、絵に混ざって占星術記号が書かれています。

　下段は『ブラザーフッド・タロット』のもので、カード右上に描かれている記号がそれです。

ⓕ キーワード

　カードの意味をわかりやすく凝縮したものです。ポジティブ、ネガティブのふたつの解釈が書かれています。

　解釈において、正位置と逆位置を採る場合と採らない場合があります。占い方などについては、６章「占いの方法」・７章「展開法」で詳しく説明しますが、正位置のみの場合はポジティブとネ

ガティブの両方で解釈し、正位置と逆位置を採る場合は正位置が
ポジティブ、逆位置がネガティブとして解釈すると良いでしょ
う。

⑧ 文字と数字、三界との関係

　アルファベットと数字、三界とアルカナの各関係です。三界と
は、神のいる神界、知性や理性を司る知性界、人間の身体といっ
た物質を司る肉体界という、3つの世界です。

ⓗ 絵の意味

　基本画に描かれている絵の説明です。

ⓘ 市販のタロットについて

　市販の4つのタロットについて解説しています。

ⓙ 啓　示

　エジプトタロット解説の、最大の見せ場です。

　「地上にいる息子よ、忘れないでください。」から始まる一文は、
天界にいるアルカナの主からの神示ともいえる言葉です。

　ポール・クリスチャンはこれを、タロットを通じてなによりも
伝えたかったのかもしれません。

ⓚ 占いの意味

　ポジティブとネガティブについて、占いで表れた場合の解釈の
一例です。

1 魔術師

ブラザーフッド、エジプシャン、ネフェルタリ：魔術師

主意

意 志

文字

Athoim

A

א （アレフ）

数字

1

占星術

な し

ブラザーフッド：水星

ポジティブ

イニシアチブ、器用さ、優れた外交能力、主体性、
自律性、仕事を始める準備

ネガティブ

不謹慎な野心家、詐欺師、儲け主義者、嘘つき、
策略、邪悪なものに奉仕する悪い意志

文字と数字、三界との関係

　このアルカナの文字と数字は、A＝1と表せます。

　神界では、絶対的な存在を表し、内包する無限の可能性が流れ出ていることを表しています。

　知性界では、数の原理である統一と、行為の原理である意志を表しています。

　肉体界では、相対的に最高峰の存在である人間を表しています。永久に能力を上昇させるために、絶対的とされる同心円の中心へ、自身を常に高める必要があることを示しています。

絵の意味

　アルカナ1は、肉体的にも精神的にも完全な状態の人間とされる魔術師が描かれています。立ち姿なのは行動する意志があることを示しており、机にある道具を使って奇跡を起こすのです。

　魔術師をみてみましょう。

　白い服は、元来持っている純粋さと、再び得た純粋さを表しています。

ベルトは、永遠の象徴であるウロボロスの輪といわれる、尾を噛む蛇になっています。

　頭には、金の鉢巻をしています。金は光を意味し、円は創造物が引き寄せられる普遍的な象形です。

　右手には、権威を意味する黄金の王笏を持ち、知恵・知識力への憧れを示すために、天に向かって掲げています。

　左手の人差し指は、地面を指しています。完全な人間としての使命とは物質的な世界を支配することを意味し、善を生み、悪を阻むために、人間の意志は常に神の意志を反映しなければならないことを表しています。

　机をみてみましょう。

　完全な固体の象徴である立方体をしている机の下にはトキがおり、上には聖杯・聖剣・硬貨があります。

　トキは、古代エジプトにおいては、書記でもあり魔術師ともいわれた神聖な鳥ですが、ここでは監視や警戒を表しています。

　聖杯は、幸福と不幸の原因となる感情を表しており、どちらになるかは、あなたがその主人としてあやつるか、あるいは奴隷になってあやつられるかによります。

　聖剣は、仕事や障害物との闘い、あるいは痛みがもたらす試練を表しています。

　硬貨は、確定した価値の象徴であり、実現した願望や完成した作品、あるいは意志がもたらす忍耐力と能力によって得た力の集合を表しています。硬貨には無限の印である十字架が描かれ、この力が将来、未来の領域へと昇華することを告げています。

　空には神の使いである彗星が流れており、この人物は真の魔術

師であることを表しています。

市販のタロットについて

　『アイビス・タロット』『ブラザーフッド・タロット』『エジプシャン・タロット』は、多少の違いがあるものの、本書で紹介した基本画・解説を踏襲しています。

　『ネフェルタリ・タロット』は大きく絵柄が異なり、青い身体をした神が描かれています。原始の水であるヌンか、あるいはベルトに太陽があることから、丘に上がる前の太陽神アトゥムと思われます。

啓　示

　地上にいる息子よ、忘れないでください。

　人間は神のように、迅速に行動しなければいけないことを。

　何も望まず、何もしないことは、悪を望んだり悪行をしたりすることに勝るとも劣らない悲しいことなのです。

　さらに、人間の意志は神の意志の反映であり、意志を持つことは創造することでもあります。道徳的な精神の法則であり、光のために戦うことは、絶対的なものに到達することです。あなたたちが真実を知り、公正を求めるとき、抵抗するものはないでしょう。

占いの意味

　占いでこのアルカナがあらわれたら、理性と正義を内包した、愛に導かれた強い意志と自信が、あなたが目指す目標へといざな

うでしょう。そして、途中に待ち受ける危険から、あなたを守ることも表しています。

　しかし、意志の持ち方次第ではネガティブな意味となり、詐欺師になり下がります。
　そうなる可能性もあるので、神から加護を受けられる善い人になりたいのなら、邪悪な考えを捨てて正しい意志を持つことが大切です。

2 超自然の聖域への扉

ブラザーフッド：ベールを付けたイシス

エジプシャン、ネフェルタリ：**女教皇**

主意

知　識

文字

Beinthin

B

ユ（ベート）

数字

2

占星術

月

ブラザーフッド：**乙女座**

ポジティブ

知恵、処女、プラトニックな愛、思慮深さ、
しがらみを避ける傾向、隠された進展

ネガティブ

思い込み、無気力、頑固、怠慢、不道徳、
悪意、憎しみ、狂信、隠蔽

文字と数字、三界との関係

このアルカナの文字と数字は、B = 2 と表せます。

神界では、過去・現在・未来という 3 つの顕現を内包する絶対的存在の叡智を表しています。

知性界では、二元論、統一の反映、知識、目に見えるものと見えないものの認識を表しています。

肉体界では、女性（子宮を持つ肉体）を表し、男性と一体化することで人間の運命を完成させます。

絵の意味

アルカナ2は、2本の柱の間に置かれた玉座に座る女性が描かれています。場所はイシス神殿の入口。女性は、超自然の知識を擬人化したイシスで、普遍的な自然の秘密を伝えるために入門者を待っているのです。

柱をみてみましょう。

向かって左側の柱は、純粋な精神と物質の世界を越え、光り輝き上昇する姿を意味する赤で塗られています。

向かって右側の柱は、混沌とした闇と不純な精神が物質に拘束され幽閉されていることを表す黒で塗られています。

　イシスをみてみましょう。
　頭に被ったティアラは、知恵に啓発された知性の力を示す三日月がついています。彼女がそれをつけて玉座に座ることは、知恵と意志に結びついた知識は不変であることを示しています。
　胸元を飾る三日月がついたエジプト十字のアンクは、精神による物質の繁栄を表し、神からもたらされる知識は限界がないことを示しています。
　顔を覆うベールは、真理が俗悪な好奇心から自らを隠していることを表しています。
　マントに半分隠れている、両手に持ったパピルスは、完全な静寂の中で瞑想に没頭する孤独な賢者だけに神秘が明かされることを意味しています。

市販のタロットについて
　『アイビス・タロット』『ブラザーフッド・タロット』『エジプシャン・タロット』は、多少の違いがあるものの、本書で紹介した基本画・解説を踏襲しています。
　『アイビス・タロット』の柱の色は、向かって左が黒、右が白になっています。これは、ライダー版タロットにも描かれている、ソロモン神殿にあったヤキンとボアズの柱を表しているのかもしれません。

　『ブラザーフッド・タロット』の柱の色は、向かって左が赤、右が黒になっており、空に 12 の星が加えられています。

『エジプシャン・タロット』では、ベールをつけていないイシス
が、緑の柱の間に座っています。

『ネフェルタリ・タロット』は大きく絵柄が異なります。
　イシスに扮した王妃ネフェルタリが供物を持っている姿が描
かれ、柱は向かって左が白、右が赤です。

啓　示
　地上にいる息子よ、忘れないでください。
　意志の眼を使って神を求めることで、魂が輝くことを。
　神が「光あれ」と言うと、光は宇宙にあふれ出しました。それ
を受けて、あなたたち人間はこう言わなければいけません。「真理
を顕現させ、善よ私たちに来たれ」と。もし、あなたが健全な意
志を持つならば、真理が再び輝くのを見ることができます。それ
に導かれて、熱望する善の世界へと到達できるはずです。

　そして、可能性を求めることは、創造することでもあります。悪
を望みそれを行うことは魂を自害することと同じですが、善を望
みそれを行うことは、あなたを不滅のものとするでしょう。

占いの意味
　占いでこのアルカナがあられたら、毅然とした態度でノックす
れば未来への扉は開かれるでしょう。しかし、歩もうとする道を
よく考えてください。正義を司る太陽に顔を向ければ、真実の知
恵があなたに与えられるはずです。その計画を誰にも話さないこ
と。そうすれば他人から反論されることはないのだから……

一方で、太陽に顔を向けることなく道を進んだ結果、相手の気持ちを踏みにじったり、思いが深くなりすぎて狂信的になったりするといった、ネガティブな意味を持つ危険もあります。どのアルカナもそうですが、ポジティブもネガティブも紙一重になっており、絶妙なバランスで成り立っていることを忘れないでください。

3 イシスウラニア

ブラザーフッド：ベールを外したイシス

エジプシャン、ネフェルタリ：女帝

主意

行　動

文字

Gomor
G

λ（ギメル）

数字

3

占星術

金　星

ブラザーフッド：天秤座

ポジティブ

理解力、有益な影響力や行動力、優雅、豊穣、
援助解決、妊娠出産、母性

ネガティブ

虚栄、浪費、優柔不断、軽率、軽薄、無駄、
わざとらしさ、具体性のなさ

文字と数字、三界との関係

　このアルカナの文字と数字は、G = 3 と表せます。

　神界では、永遠に活動する精神と絶対的な叡智とのバランスが
とれた、至高の力を表しています。

　知性界では、至高の存在の普遍的な豊穣を表しています。

　肉体界では、自然の営みを示し、意志から生まれる行為の発芽
を表しています。

絵の意味

　アルカナ3は、輝く太陽の中心に女性が座る姿が描かれていま
す。この女性はイシスウラニア、つまり天上のイシスであり、創
造の象徴である太陽と天体を守護する女神として、普遍的な豊穣
を守護する、神々の母の役割を持ちます。

　玉座は立方体をしており、側面にはたくさんの目が描かれてい
ます。これはイシスの子どもであるホルスの目を表しています。
頭上にある 12 の星は、太陽がめぐる黄道帯にある 12 の星座を表
しています。

右手には、地球儀を模した王笏を持っています。これまでに生まれたものだけでなく、これから生まれるものに対しても、彼女の力が永続的に作用することを表しています。

　左手には、鳥がとまっています。鳥は、魂が具現化した存在です。彼女と対話するとともに、精神が上昇できる高さの指標でもあります。

　足元に置かれた月は、物質の劣等性と精神による物質の支配を表しています。

　背後の太陽は、知性と創造力を象徴するため、彼女の後光となって輝いています。

市販のタロットについて

　『アイビス・タロット』『ブラザーフッド・タロット』『エジプシャン・タロット』は多少の違いがあるものの、本書で紹介した基本画・解説を踏襲しています。

　『ブラザーフッド・タロット』は、6つの星が加えられています。

　『ネフェルタリ・タロット』は大きく絵柄が異なります。

　イシスに扮した王妃ネフェルタリが描かれ、王笏の代わりに古代紙パピルスの材料である葦の穂を手にしています。

啓　示

　地上にいる息子よ、忘れないでください。

　真実を肯定して正しい道を望むことは、新しい創造が始まることを。

　真実と反することを肯定し、道徳から外れたことを望むなら、

破壊に身を捧げることになるでしょう。

　そして、自然は永久に生まれ変わりつづけます。意志は神の反映であり、愛と創造を促します。意志を実らせない人は不幸にほかなりません。

占いの意味
　占いでこのアルカナがあらわれたら、仕事の成功が期待できます。そのためには、創造力と正しい精神を結びつけ、試行錯誤する必要があるようです。苦労を忘れないことで、神はあなたを導くでしょう。

　しかし、見栄を張ったり軽率な言動を取ったりすると、成功から遠ざかるというネガティブな意味を生じます。そういう言動はいつかメッキが剝がれるため、長くは持たないものです。
　ごまかせると思うのはあなただけ。神は浅はかな考えを見通しているものです。

4 立方石

ブラザーフッド：統治者

エジプシャン、ネフェルタリ：皇帝

主 意

実 現

文 字

Dinain

D

ㄒ（ダレット）

数 字

4

占星術

木 星

ブラザーフッド：蠍座

ポジティブ

力強さ、安定性、権力、合法性、誠実さ、
強い意志、現実的な問題の解決、父性

ネガティブ

独裁者、傲慢、未熟、弱さ、能力不足、
法律または財政的な問題、財産の損失

文字と数字、三界との関係

　このアルカナの文字と数字は、D＝4と表せます。

　神界では、絶対的な存在に含まれる美徳の、永続的で段階的な実現を表しています。

　知性界では、肯定・否定・議論・解決という、精神の4つの働きを使い、偶然から生まれたアイデアを現実に昇華することを表しています。

　肉体界では、真理の知識・正義への愛・意志の強さ・器官の働きという4つから指示された活動の実現を表しています。

絵の意味

　アルカナ4は、王冠を被った男性が、立方体をした石の上に座っている姿が描かれています。彼は、強い権力を持つ王です。

　玉座である立方石は、完全な固体の象徴で、仕事の完成を表すとともに、物質の支配を意味しています。正面に描かれた猫は、夜の時間を見通す魔術師の思考を表しています。

王をみてみましょう。

王冠は、権力に打ち勝った強さを表しています。右手に持っているものは、イシスの笏ともいわれる魔術の笏で、神聖な研究によって得られた道徳的な力の象徴でもあります。

おろしている左手は、物質に支配されていることを表しています。

胸に描かれた鳥は、王の化身でもあるハヤブサ姿のホルスで、無邪気さを表しています。

足をみると、左足の上に右足をのせて十字を作っています。これは、火・地・風・水からなる宇宙の四元素と人間の力が、あらゆる方向へ拡大することを表しています。

市販のタロットについて

『アイビス・タロット』『ブラザーフッド・タロット』『エジプシャン・タロット』は、多少の違いがあるものの、本書で紹介した基本画・解説を踏襲しています。

『ブラザーフッド・タロット』は、12の星が加えられています。

『エジプシャン・タロット』は、椅子に猫が描かれていません。

『ネフェルタリ・タロット』は大きく絵柄が異なります。

王である男性は足を組んでおらず、王笏も他のタロットとは異なるものを、胸に抱くように持っています。目の前にはホルスの目と聖虫スカラベが描かれています。

啓　示

地上にいる息子よ、忘れないでください。

真実と正義の知識を携えた不動の意志に、勝るものはないこと

を。

　これを獲得するために戦うことは、正しい行為である以上に、やらなければならない義務です。戦いに勝利した者は、地上での使命を果たしたにすぎません。しかし、尽くすべき道にその身を捧げた者は、死することのない永遠を手に入れるのです。

　善と悪の知識を持つ魔術師ならば、善のみが存在し、悪は善の影にすぎないことを熟知しており、善を構築するためには悪を使う必要もあることを理解しています。そして、無邪気さは、善の惰性でもあります。人を傷つけることは、自分を傷つけていることだということを忘れないでください。

占いの意味

　占いでこのアルカナがあらわれたら、希望を実現するためには影響力を持つ人物を探し出す必要があることを示しています。しかし、どのアルカナもそうですが、あなたがその力を受け取るだけの能力が備わっていないことには、占いであらわれないものです。つまり、このアルカナがあらわれたのなら、あなたはそういった人物に出会う可能性が高いでしょう。

　そのこともあり、このアルカナがあらわれた場合は、運命が大きく動きやすいようです。影響力を持つ人物であるアルカナの使者があらわれたのなら、そのチャンスを逃さないようにしてください。

　一方、アルカナの力がネガティブになった場合は、独裁的な考えが表れるようです。能力がないのにも関わらず、叶うことのない考えをめぐらす結果、財産を失うことにもなるようです。

5 アルカナの権力者

ブラザーフッド、エジプシャン、ネフェルタリ：法王

主意

神聖な直感

文字

Eni

E

ה （ヘー）

数字

5

占星術

火星・牡羊座

ブラザーフッド：木星

ポジティブ

悩みからの救済、道徳的な助言、宗教、

結婚、専門家を頼ること、目上からの助言

ネガティブ

過度の寛大さ、報われない親切、信頼の喪失、

間違った道徳、恨み、憤り、敵意

文字と数字、三界との関係

　このアルカナの文字と数字は、E＝5と表せます。

　神界では、物質の統合が持つ、無限の顕現を統制する、普遍的な宇宙の法則を表しています。

　知性界では、宗教という、絶対的存在と相対的存在、無限と有限の関係を表しています。

　肉体界では、人間の試練を表しており、普遍的な宇宙の法則という、閉ざされた空間でのみ自由に行動できます。

絵の意味

　アルカナ5は、男性が2本の柱の間に座る姿が描かれています。彼は、神聖な超自然の秘儀を司る法王で、善意と良心の精神を持つ精霊でもあります。

　柱をみてみましょう。

　向かって左側の柱は神の法を、右側の柱は従うことも従わないこともできる自由を象徴しています。

法王をみてみましょう。

右手は人差し指で胸に沈黙の印をつくり、天界からの声を集中して聴くよう促しています。厳かなる沈黙の中で、心の中に眠る獣性が持つ情熱・本能を知るのです。

左手で支えている三重の十字架は神界・知性界・肉体界の三界に神が入り込み、すべてにおいて普遍的な生命の花を開花させることを表しています。

足元には、赤と黒の服を着て平伏している人物がいます。ふたりは光と闇、善と悪の精霊で、どちらも法王の教えに従っています。

市販のタロットについて

『アイビス・タロット』『ブラザーフッド・タロット』『エジプシャン・タロット』は、平伏する人物の服の色が違うなどあるものの、本書で紹介した基本画・解説を踏襲しています。

『ネフェルタリ・タロット』は大きく絵柄が異なります。

玉座に座る冥界の王オシリスの前に、ひとりの男性が平伏する姿が描かれています。

啓　示

地上にいる息子よ、忘れないでください。

幸か不幸かを言う前に、意志をどのように使うのかを知る必要があることを。

すべての人間は、自分の言動によって人生を創造しています。善の精霊はあなたの右に、悪の精霊はあなたの左にいます。彼ら

の声は良心を持つ者にしか届きません。瞑想することで、その声を聞くことができるでしょう。

　また、信じることは正義を知ることでもあります。信頼性は、絶対的存在と相対的存在との結びつきを持つ、無限と有限の関係でもあります。美しさとは、真実が持つ輝きなのです。

占いの意味

　占いでこのアルカナがあらわれたら、知識を持つ人物に相談することで、物事がうまくいくことを示しています。先生など年上の尊敬する人物はもとより、弁護士や医師といった専門家へ相談することで、閉ざされていた道に光が差すのです。

　しかし、アルカナの力が弱まりネガティブになった場合、思うような加護が得られないようです。宇宙の法則からも人としての道も外れた、間違った道へ進んでいることを示す場合もありそうです。

6 ふたつの道

ブラザーフッド：ふたつの道

エジプシャン、ネフェルタリ：恋人たち

主意

苦　難

文字

Ur（U、V）

ブラザーフッド：U、V、W

 1（ヴァヴ）

数字

6

占星術

月・牡牛座

ブラザーフッド：金星

ポジティブ

試練、重要な選択、決断の必要性、
自由意志、結婚、迷い

ネガティブ

誘惑に負ける、選択の失敗、浮気、別れ、
一時的に止まった状況、優柔不断

文字と数字、三界との関係

このアルカナの文字と数字は、Ur（U、V）＝ 6 と表せます。

神界では、善悪の知識を表しています。

知性界では、義務と自由とのバランスを表しています。

肉体界では、自然の力の対立と、原因に対する結果の連鎖を表しています。

絵の意味

アルカナ6は、二本の道が交わる角に、両隣に女性を従えた魔術の新参者でもある見習い神官が描かれています。どちらの女性を選んだら良いか男性が迷っているという、情念と良心との闘争を表しています。

ふたりの女性をみてみましょう。

女性たちは男性の肩に手を置き、向かって左側にいる女性は左の道を、右側にいる女性は右の道を、それぞれ指さしています。

左側の女性は美徳を表し、頭に金の冠を付けています。

右側の女性は男性を誘惑する悪を表し、上半身は裸で、頭に植

物で作られた冠を付けています。この冠は人を悪の道へと誘う「悪花の輪」を具象化したものです。

　男性をみてみましょう。
　目線は地面に向けられ、両腕は胸の上で交差しています。どちらの女性も魅力的なために、選ぶことを放棄しているかのようです。

　頭上をみてみましょう。
　まばゆいばかりの光を放つ正義の精霊が弓を引き、懲らしめるための矢を悪に向けて放とうとしています。悪とはつまり、向かって右側の女性です。誘惑に負けては大切なものを手放すばかりか、誘惑してきた女性とも長くは続かないものです。それを熟知している精霊は、誘惑を仕掛ける女性に向かって矢を放つのです。

市販のタロットについて
　『アイビス・タロット』『ブラザーフッド・タロット』『エジプシャン・タロット』は、多少の違いがあるものの、本書で紹介した基本画・解説を踏襲しています。

　『ネフェルタリ・タロット』は大きく絵柄が異なり、一組の男女が抱き合っている姿が描かれています。

啓　示
　地上にいる息子よ、忘れないでください。
　多くの男性にとって、美徳が持つ厳かな美しさよりも、悪徳が

放つ偽りの魅力のほうが大きいことを。

　一瞬の誘惑に負けた結果、いままで築いた関係が音を立てて崩れていきます。ようやく過ちに気づいたときには、時すでに遅く、すべてが崩壊したあとになるようです。

占いの意味

　占いでこのアルカナがあらわれたら、悪を絶って善を選ぶという、自分の決意を守る必要があることを示しています。

　障害物が目の前の道を塞いだり、反する考えが頭の中を支配したりするなど、あなたの意志は道徳と対立するものの間で揺れ動きます。進むべき道を選択できずに優柔不断な態度を取るのは、選択を誤るよりも悲惨な未来が待っています。

　進んでも退いても、「悪花の輪」は鉄の鎖よりも断ち切るのが難しいことを忘れないでください。

　アルカナの力がネガティブに表れる場合、「悪花の輪」を断ち切ることができないばかりに、誘惑に負けてしまうようです。それは、心の奥底に眠っていた、誘惑を楽しみたい気持ちが解放されただけかもしれません。そんなあなたの心を、アルカナの精霊はもてあそんでいるようです。

7 オシリスの戦車

ブラザーフッド：**勝利者**

エジプシャン、ネフェルタリ：**戦車**

主　意

勝　利

文　字

Zain

Z

（ザイン）

数　字

7

占星術

太陽・双子座

ブラザーフッド：**射手座**

ポジティブ

勝利、成功、昇進、野心、支配、スピード感、
知性によって達成される精神的または物質の進化

ネガティブ

失敗、敗北、能力不足、自分のミスによる問題、
突然の損失、悪組織の支配

文字と数字、三界との関係

　このアルカナの文字と数字は、 Z＝7 と表せます。

　神界ではセプテナリウス、つまり7の秩序を表し、精霊が自然を支配していることを表しています。

　知性界では、聖職と国家を表しています。

　肉体界では、元素と物質の力が、知性と人間の仕事に服従することを表しています。

絵の意味

　アルカナ7は、王笏と聖剣を手に持ち鎧を着た若き王が、立方体をした戦車に乗っている姿が描かれています。彼は勝利者になるべく、戦車で前進しようとしています。

　王をみてみましょう。

　頭上にある黄金の王冠は、22枚すべての運命のアルカナを照らす叡智の光を表しています。王冠の上にある3つの五芒星は、精神と叡智という2つの力のバランスを示しています。

　胸元に描かれた3つの図形は、判断・意志・行動の正さを意味

するとともに、力を与えています。

　右手で振り上げている聖剣は、勝利の印を表しています。

　左手には、霊性の象徴である三角形、物質の象徴である四角形、永遠の象徴である円がついた王笏を持っています。これは、自然の力に対する精神の永久的な支配を意味しています。

　戦車をみてみましょう。

　星形がついた天蓋を支える4本の柱は、火・地・風・水という4つの元素を表し、王笏と聖剣の主に従っています。

　戦車の前面には有翼円盤といわれる、翼を広げた球体が描かれています。これは、無限の空間・時間の中で、人間の力が無限に発揮されることを表しています。

　戦車を引いている2体のスフィンクスは、試練に打ち勝った王のしもべです。白は善を、黒は悪を象徴しています。

市販のタロットについて

　『アイビス・タロット』『ブラザーフッド・タロット』『エジプシャン・タロット』は、多少の違いがあるものの、本書で紹介した基本画・解説を踏襲しています。

　しかし、『エジプシャン・タロット』は、王冠に五芒星がなく、胸のマークもありません。戦車には星形がついた天蓋もなく、黒のスフィンクスの代わりに赤いスフィンクスが描かれています。

　『ネフェルタリ・タロット』は大きく絵柄が異なります。

　冠を被っていない若い男性が戦車に乗り、スフィンクスの代わりに鳥が描かれています。

啓　示

　地上にいる息子よ、忘れないでください。

　崇高な精神を持ち、生命の神秘を照らす光の持ち主だけが、世界の主権を握れることを。

　障害を打ち破って敵を打ち負かし、良心を持って大胆に未来に立ち向かうことで、望みが叶うのです。

占いの意味

　占いでこのアルカナがあらわれたら、実際に行動することで成功を手にできることを示しています。若さは武器でもあります。経験が浅くてもやり遂げようとする強い意志と行動力が、目には見えない無限の力を手に入れることを忘れないでください。

　ネガティブに表れた場合は、方向性が定まらないばかりに失敗しそうです。聖剣は力を失い、邪悪な力を持つ武器となります。スフィンクスも、あなたに従うことはないでしょう。このまま進めて失敗するのなら、いったん戻り、体制を整えてから出直すのが良法です。

8 天秤と聖剣

ブラザーフッド：天秤

エジプシャン、ネフェルタリ：正義

主意

均衡

文字

Heletha

H

ก (ヘット)

数字

8

占星術

金星・蟹座

ブラザーフッド：山羊座

ポジティブ

均衡、公平、正義、調和、序列の尊重、決定、
法律問題、精神の自立

ネガティブ

偏見、派閥、不正確さ、権力の乱用、詐欺、不正、
虚偽の告発、不正による問題、逮捕

文字と数字、三界との関係

このアルカナの文字と数字は、H＝8と表せます。

神界では、絶対的な正義を表しています。

知性界では、引力と反発力を表しています。

肉体界では、相対的な見地から、ときに偏狭なものとなり、誤りやすい人間の正義を表しています。

絵の意味

アルカナ8は、女性が玉座に座る姿が描かれています。彼女は、剣先のついた冠を被り、右手には聖剣、左手には天秤を持っています。これは、法と正義の象徴であるギリシャの女神テミスと姿が被ります。

女性をみてみましょう。

神・知性・肉体を表す3段の階段の最上段に座っています。

彼女は行動を天秤にかけ、聖剣で悪に対抗します。彼女から発せられる正義は、秩序を回復してバランスを取ることですが、それは権利と義務が均衡している状態でもあります。

聖剣は、善人には保護の印ですが、悪人には脅威となることを示しています。

目には包帯が巻かれています。公平に裁くために、先入観を持つことなく罪を量ることを表しています。

頭上にあるのは、ロータス模様をした大きな扇です。暑さから彼女を守り、冷静な判断ができるようにしているのでしょう。

女性の周りをみてみましょう。

後ろにいるのは、人間を裁く、神の正義を表す精霊です。

その上にいるのは、翼を持つ亀です。罪の重さを許しへと昇華する悔恨の念を表しています。

横にはライオンと、人頭を持つスフィンクスがいます。ライオンは正義の力を、スフィンクスは悪人の魂を読み取る神の象徴です。

市販のタロットについて

『アイビス・タロット』『ブラザーフッド・タロット』『エジプシャン・タロット』は、多少の違いがあるものの、本書で紹介した基本画・解説を踏襲しています。

『ブラザーフッド・タロット』には13の星が、『アイビス・タロット』には復活再生を守護する聖虫スカラベが描き加えられています。

『ネフェルタリ・タロット』は絵柄が大きく異なります。

頭に杯を携えた女神ネフティスが、裁判を見守る様子が描かれています。天秤にはおもりと正義の象徴であるマアトの羽が載せられ、書記の神トトがその様子を記録しています。

啓　示

　地上にいる息子よ、忘れないでください。

　障害を克服して勝利することは、人間の仕事のほんの一部に過ぎないことを。

　完全に達成するためには、投入された各力の間に均衡を築く必要があります。すべての行動は反する作用を生み、意志は対立する力の衝突を予見してそれを和らげ、無効にしなければなりません。未来のすべての行動は、善悪の均衡の上になされなくてはいけません。バランスを取る方法を知らない知性は、輝きを失った太陽と同じです。

占いの意味

　占いでこのアルカナがあらわれたら、異なるもの同士でありながら、絶妙なバランスが取れていることを示しています。そりが合わない相手でも、平穏な関係を築けるでしょう。

　しかし、均衡のバランスが崩れたとき、ネガティブな意味になります。偏見を持ったり尊大な態度に出たりするために、険悪な状況になりそうです。

　バランスが崩れているのは分かっているけど、プライドや意地が邪魔をして謝ることをしないなら、アルカナの持つ正しい力を授かることはないでしょう。

9 隠されたランプ

ブラザーフッド：聖人

エジプシャン、ネフェルタリ：隠者

主意
思慮深さ

文字
Thela

T H

ソ （テット）

数字
9

占星術
木星・獅子座

ブラザーフッド：水瓶座

ポジティブ

慎重さ、思慮深さ、孤独、探求、沈黙、
独身、貴重なアドバイス、問題の解決

ネガティブ

懐疑、人間嫌い、迫害を受けたコンプレックス、貧しさ、
過度の慎重さ、遅延、根拠のない不安からくる失敗

文字と数字、三界との関係

このアルカナの文字と数字は、ＴＨ＝9と表せます。

神界では、絶対的な知恵を表しています。

知性界では、思慮深さという、意志の支配者を表しています。

肉体界では、用心さや慎重さという、行動の指針を表しています。

絵の意味

アルカナ9は、マントの下にランプを隠した老人が、杖をついて歩く姿が描かれています。この老人は、長い人生で得た経験を擬人化したものです。

灯されたランプは、過去・現在・未来を照らす叡智の光を表しています。

ランプを半分隠しているマントは、慎重さを意味しています。

杖は、経験によって得られた強さの象徴であり、意志を内に秘めながら行動する人を支援しています。

市販のタロットについて

　多少の違いがあるものの、本書で紹介した基本画・解説を、すべてのタロットが踏襲しています。

　『ブラザーフッド・タロット』には頭上に11の星と冠を被った2匹のコブラが、『エジプシャン・タロット』には頭上に太陽が、『ネフェルタリ・タロット』には、生命の鍵といわれるアンクとさざ波とかごのヒエログリフが、それぞれ加えられています。

啓　示

　地上にいる息子よ、忘れないでください。

　思慮深さとは、人の心を守るための鎧であることを。

　慎重さがあれば裏切りを予見し、岩場や断崖を避けることができます。些細なことでも、すべての行動の指針としてください。世の中には無関心で良いことなどなく、小石が支配者の乗る戦車をひっくり返すこともあるのです。言葉が銀ならば、沈黙は金であることを忘れないでください。

占いの意味

　占いでこのアルカナがあらわれたら、問題を解決できる知恵を持った人に出会い、教えを受けることを示しています。その人は目立たないかもしれません。しかし、豊富な知恵を惜しみなく授けてくれる賢者です。その人は地上で生きる時間が残り少ないのかもしれません。だからこそ、減ることのない知恵という財産を、あなたに託そうとしているようです。

　ネガティブで出た場合、過去の出来事が原因となり、コンプレ

ックスを持つこともあるようです。あるいは、豊富な知恵を持ち
ながら、教えることを拒否する人もいるかもしれません。

　「精神的なケチになるな」と、筆者が尊敬する神秘研究家マリ
ー・ホープ女史は言います。持っている知恵を独り占めしては、
せっかくの叡智が途絶えてしまいます。伝えていくことで知恵は
文化となり、永遠に継承されていくのです。

10 スフィンクス

ブラザーフッド：車輪

エジプシャン、ネフェルタリ：運命の輪

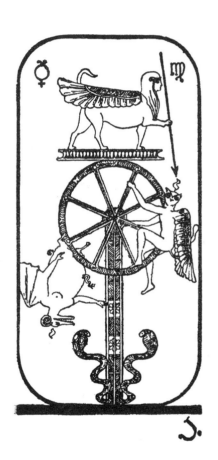

主意

運 命

文字

Ioithi

I、J、Y

ヽ（ヨッド）

数字

10

占星術

水星・乙女座

ブラザーフッド：天王星

ポジティブ

運命、偶然から出た幸運、すぐに訪れる好機、
自然のサイクル、突然の不幸

ネガティブ

突然の好ましくない変化、不安定、一時的な利益、
良いサイクルの終わり、輪廻転生、不運

文字と数字、三界との関係

　このアルカナの文字と数字は、Ⅰ、Ｊ、Ｙ＝10と表せます。

　神界では、すべての存在を活性化させる活動原理を表しています。

　知性界では、権威の支配を表しています。

　肉体界では、幸運と不運を表しています。

絵の意味

　アルカナ10は、柱に取りついた軸に吊り下げられた車輪が描かれています。これは運命の輪で、善と悪が入れ替わるように回転して、運命の流れを変えます。

　向かって右にいるのは死者を導く神アヌビスともいわれる善の精霊ヘルマヌビスで、車輪の頂点に登ろうとしています。

　向かって左にいるのは暴力の神セトともいわれる悪の精霊ティフォンで、車輪から落ちそうになっています。

　輪の上にいるのは運命を具現化したスフィンクスです。手に持つ槍で輪のバランスを取るため、左右にいる精霊を攻撃していま

す。車輪がその衝動で回転すると、最も謙虚な者を登らせ、傲慢な者を転落させるのです。

市販のタロットについて
　『アイビス・タロット』『ブラザーフッド・タロット』『エジプシャン・タロット』は、多少の違いがあるものの、本書で紹介した基本画・解説を踏襲しています。
　『ブラザーフッド・タロット』は、アヌビスとセトが他のタロットよりも実際のエジプト神に近く描かれている一方、下部には2匹の蛇と、太陽に翼が付いた有翼円盤も描かれています。

　『ネフェルタリ・タロット』は大きく絵柄が異なります。
　輪の上にネクベトと思われるハゲワシ姿の神が羽を広げており、下には雄羊の頭を持つクヌムと思われる獣神が、人間を襲っている様子が描かれています。

啓　示
　地上にいる息子よ、忘れないでください。
　能力は意志の強さに依存することを。
　意志を現実に反映させるためには大胆に遂行する必要がありますが、行動する瞬間まで誰にも話さないことが肝心です。知識と力を持つために常に努力を忘れず、忍耐強く働かなければなりません。そして頂点に到達したのなら、根底に広がる広大な深みを耕し続ける必要があります。

　意志が健全であれば、どんなことも心の目で正しく見ることができます。絶対的な善に到達するためには、相対的な悪を受け入

れる必要がありますが、それを望んでも行ってもいけません。
悪によって死に至り、善によって生まれ変わること、それが掟で
す。
　下にある者は善によって上昇していき、上にある者は悪によっ
て下降していくのです。

占いの意味

　占いでこのアルカナがあらわれたら、運命の輪が回り出すこと
を示しています。何の前触れもなく突然動き出しますから、置か
れている状況や気持ちの変化に戸惑うこともあるでしょう。
　正位置に出たからといって良い変化とは限りません。良いか悪
いかは、その後に出たカードやあなたの在り方にかかっていま
す。

11 飼いならされたライオン

ブラザーフッド：魔法を使う女性

エジプシャン、ネフェルタリ：力

主意

剛　毅

ごうき：意志が強く、くじけ
ないさま

文字

Caitha

C、K

コ（カフ）

数字

20

占星術

火　星

ブラザーフッド：海王星

ポジティブ

勇気、強い精神性、大胆な行動、服従、
道徳的な強さ、手なづける

ネガティブ

弱さ、怠惰、臆病、病気、危険、無謀、
残酷な性格、強く危険な敵

文字と数字、三界との関係

このアルカナの文字と数字は、C、K＝20と表せます。

神界では、精神性や物質性といった、すべての力の原理を表しています。

知性界では、道徳的な力を表しています。

肉体界では、有機的な力を表しています。

絵の意味

アルカナ11は、ライオンの顎を両手で楽々と開け閉めする少女が描かれています。これは、ライオンが抱く少女への信頼と、彼女の純真さからもたらされる強さを表しています。

別の見方をすれば、少女にとってライオンは自己の強さの化身であり、それは教育や人生経験によって得られたものです。

市販のタロットについて

本書で紹介した基本画・解説をすべてのタロットが踏襲しています。ただし色に違いがあるようです。

『アイビス・タロット』『エジプシャン・タロット』は少女の服は白色で、少女が純真であることを示しています。少女の肌とライオンはともに茶色で、少女とライオンが心を通わせていることを表しているかのようです。

　『ブラザーフッド・タロット』は、少女の服もライオンも白色です。純真な心を持った少女とライオンが、ともに心を通わせているかのようです。
　『ネフェルタリ・タロット』は、少女の服は赤色、少女の肌とライオンは茶色で描かれています。赤を、情熱と行動力を表す色とすると、お互い心を通わせつつも、少女は情熱をもってライオンと向き合っていることを表しているのかもしれません。

啓　示

　地上にいる息子よ、忘れないでください。
　力を持つためには、自分の能力を信じる必要があることを。
　信念を持って前に進みなさい。障害は幻影に過ぎません。強くなるために心の弱さを克服して、自分の義務を果たし、愛するかのように正義を実践することが大切です。

占いの意味

　占いでこのアルカナがあらわれたら、思うように物事が進んでいくことを示しています。怖気づいてしまいそうな相手でも、うまく対応できるでしょう。

　一方、ネガティブの場合、思うように進まなくなります。臆病

になり相手の勝手を許したり、逆に従わせようと暴力的になったりしそうです。

12 犠 牲

ブラザーフッド：殉教者
エジプシャン、ネフェルタリ：吊るされた男

主意

暴力的な死

文字

Luzain
L
ㄥ（ラメッド）

数字

30

占星術

月・天秤座
ブラザーフッド：魚座

ポジティブ

無関心、身動きがとれない、悔い改め、内面の探求、
物質からの離脱、神秘的な上昇

ネガティブ

エゴイズム、妄想、押しつけられた犠牲、幻想、
虚しい試み、意志の欠如、束縛

文字と数字、三界との関係

このアルカナの文字と数字は、L＝30 と表せます。

神界では、法の啓示を表しています。

知性界では、義務の教えを表しています。

肉体界では、犠牲を表しています。

絵の意味

アルカナ 12 は、片足を絞首台に吊り下げられた男性が描かれています。これは、自らの思想のために犠牲となる人間の象徴です。

両側にある 2 本の木の上部には、枝の切り口がそれぞれ 6 か所、計 12 か所描かれています。これは、占星術において終局を意味する 12 ハウスと対応し、生命の消滅と、時の流れの中で絶えず生まれ変わる星座を象徴しています。

男性の頭と腕の曲がりをつなぐと、縛られた両手を頂点とした逆三角形ができます。これは大惨事を示し、悲劇的な事故、ある

いは罪を滅ぼすために遭遇した死の印として、真実と正義に対する英雄的な献身を表しています。

　折りたたんだ足がもう一方の足と交差することでできる三角形は、思想を乱す者のせいで犠牲になったことを示しています。
　縛られた手から硬貨を落とす姿は、自らの思想によって犠牲になった人が落とした考えを他の人が拾うことで、適切なタイミングで世の中に出ることを意味しています。

市販のタロットについて
　『アイビス・タロット』『ブラザーフッド・タロット』は多少の違いがあるものの、本書で紹介した基本画・解説を踏襲しています。
　『ブラザーフッド・タロット』は、6房のブドウと10の星が加えられています。

　『エジプシャン・タロット』と『ネフェルタリ・タロット』は大きく絵柄が異なります。
　『エジプシャン・タロット』は、男性が生贄の牛を捌こうとしている様子が描かれています。神の化身ともされる牛を捌くことは神聖な儀式でもあります。
　『ネフェルタリ・タロット』は、ひざまずく男性に王が罰を与える姿が描かれています。

啓　示
　地上にいる息子よ、忘れないでください。
　献身は免れることができない、神の法則であることを。

人から恩義以外のものを期待してはいけません。あなたの精神を平静に保ち、神に従う準備を常にしておくことが大切です。

　そして、敵を赦し、自らの考えのために犠牲となることは、生まれ変わることでもあります。肉体を犠牲にすることで、魂の進化に新たな1ページが加わるのです。

占いの意味

　占いでこのアルカナがあらわれたら、行く手に罠が仕掛けられていることを示しています。試練が訪れても神の意志を忘れず、敵を赦すことなく終焉を受け入れてはいけません。赦さない場合、現世を超えた来世において、永遠の孤独に陥ることになりそうです。

　これは、ポジティブでもネガティブでも同じですが、ポジティブでは赦すことができ、ネガティブではそれができないようです。

13 骸骨姿の死神

ブラザーフッド：**死神**

エジプシャン、ネフェルタリ：**死神**

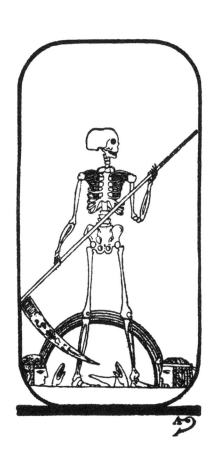

主意

変　容

文字

Mataloth
M
מ（メム）

数字

40

占星術

な　し

ブラザーフッド：**牡羊座**

ポジティブ

予期せぬ変化、根本的な変革、再生と復活、
強制終了、本人の責任ではない失敗

ネガティブ

変化の拒否、衰退、肉体的な死、誤った行為、
状況の負の影響、腐敗、破壊

文字と数字、三界との関係

　このアルカナの文字と数字は、M＝40と表せます。

　神界では、創造から破壊、そして再生という、永遠の動きを表しています。

　知性界では、精神が神の領域へ上昇することを表しています。

　肉体界では、死を表し、生命の活動を終えた人間の、最後に起こる性質の変容を表しています。

絵の意味

　アルカナ13は、草原で頭を刈り取る骸骨が描かれています。骸骨は死神ともいわれる、死のシンボルです。

　死神が鎌を振りかざすと、四方八方に人間の頭や手足がちらばります。これは破壊と再生という、時間が支配するこの世の中において、すべての存在が体験する普遍的な運動を表しています。

　死神の背後には虹が見えます。虹は魂の不滅を表し、死と生という、自然界の一員としての人間の輪廻も表しています。

市販のタロットについて

　『アイビス・タロット』『ブラザーフッド・タロット』は、多少
の違いがあるものの、本書で紹介した基本画・解説を踏襲してい
ます。

　『ブラザーフッド・タロット』は、6つの星が加えられていま
す。

　『エジプシャン・タロット』と『ネフェルタリ・タロット』は大
きく絵柄が異なります。

　『エジプシャン・タロット』は、冥界の神アヌビスが死者の心臓
とマアトの羽（正義の象徴）を天秤にかけ、冥界裁判を行う様子
が描かれています。

　『ネフェルタリ・タロット』は、アヌビスの両脇にいるひざまず
いた男女が、崇めるように両手を出している様子が描かれていま
す。

啓　示

　地上にいる息子よ、忘れないでください。

　この世に存在するものは永くは続かず、権力者であってもいず
れ死を迎え、死神の鎌によって野原の草のように刈り取られるこ
とを。

　死は予想するよりも早く訪れますが、それを恐れる必要はあり
ません。なぜなら死とは、別の生命に生まれ変わることだからで
す。

　宇宙は、霊化されていないものを、絶えることなく再び吸収し

ています。魂が普遍的な運動の法則に従うことで物質にとらわれがちな本能を解放し、あなたの中に第二の人間である「天上の人間」が誕生します。これは、不死という、永遠の生の始まりでもあります。

占いの意味

　占いでこのアルカナがあらわれたら、予測できなかった大きな変化が起こることを示しています。それにより何かを手放したり、環境を変えたりする必要がありますが、恐れることはありません。いままで過ごしてきた場所は、成長したことで窮屈になったようです。死神がもたらした、この強制的ともいえる変化を受け入れることで、新しい可能性が広がるでしょう。

　これはネガティブとポジティブ両方に共通することですが、ネガティブの場合は状況の変化についていけないばかりに、割り切った考えができず、再生が遅くなるかもしれません。

14 ふたつの壺

ブラザーフッド：錬金術師

エジプシャン、ネフェルタリ：節制

主意
主 導

文字
Nain
N
コ（ヌン）

数字
50

占星術
太陽・蠍座
ブラザーフッド：牡牛座

ポジティブ

中庸、調和、節約、適応能力、節度、禁酒、
生命力の注入、エネルギーの回復

ネガティブ

過剰、不安、無頓着、忍耐力や適応能力の欠如、
緊張、不満、強い嫌悪感、浪費

文字と数字、三界との関係

このアルカナの文字と数字は、N＝50 と表せます。

神界では、生命の絶え間ない運動を表しています。

知性界では、道徳を生み出す思考の結合を表しています。

肉体界では、自然の力の結合を表しています。

絵の意味

アルカナ 14 は、太陽の精霊が、壺から壺へ生命の流体を注ぎこむ姿が描かれています。これは、自然のあらゆる領域において絶えることなく生み出される結合の象徴でもあります。

精霊は両手に壺を持ち、こぼすことなく水を移しています。左手に持つ壺の水が尽きたら、今度は右の壺を上にして、左の壺に水を注いでいきます。それが空になったら反対の壺に……というように、この運動を永遠に続けているようです。

頭上に炎を載せ、背後には太陽がみえます。単調にみえる作業を、熱意を持って行っていることを示しています。

精霊の背中と足には翼が生えています。人間を超越した存在であることを示すだけでなく、身軽で、心身ともに適応能力に優れていることを表しています。

　太陽には8つの光線がみえます。占星術において蠍座と対応するもので、死と再生、そして無限大の力がこの精霊を後押ししていることを表しています。節制の精霊は無から有を生み、不可能を可能にする力を持っているのです。

市販のタロットについて

　『アイビス・タロット』『ブラザーフッド・タロット』『エジプシャン・タロット』は、多少の違いがあるものの、本書で紹介した基本画・解説を踏襲しています。

　『ブラザーフッド・タロット』は、11の星が描き加えられています。

　『ネフェルタリ・タロット』は大きく絵柄が異なります。

　頭に羽を持つ女神マアトが、ふたつの壺の前に翼を広げて座っている姿が描かれています。

啓　示

　地上にいる息子よ、忘れないでください。

　自分の力を顧みることを。

　障害を前にして、引き下がる必要はありません。一滴ずつ落ちては永い年月をかけて硬い石に穴を開ける水のように、あせることなくゆっくりと浸食していくことで、障害は消え去るのです。

占いの意味

　占いでこのアルカナがあられたら、節制行動が吉であることを示します。節制の精霊は派手に短くではなく、地味だけど細く長く取り組むことを奨励しています。

　ワンランク上のものよりも手ごろなものを選んだり、仕事のために休日は家でゆっくりしたり、健康のためにお酒を控えたりするなど、節制することで、古代ギリシャの哲学者プラトンが説いた徳も積めるのです。

　一方、節制することは刺激が少ないため、退屈なものです。地道なことは苦かもしれません。それに不満や不安を感じたのなら、この精霊の力は得られず、ネガティブな流れとなるでしょう。

15 ティフォン

ブラザーフッド：黒魔術師

エジプシャン、ネフェルタリ：悪魔

主意

不　運

文字

Xiron

X

Ϥ（サメフ）

数字

60

占星術

土星・射手座

ブラザーフッド：土星

ポジティブ

性愛傾向、誘惑、独創性、魔術、欲望、
動物的な本能、熱狂

ネガティブ

強い性愛欲求、黒魔術、不均衡、悪に仕える行為、暴力、
低俗で不道徳な本能、狂乱

文字と数字、三界との関係

このアルカナの文字と数字は、X＝60 と表せます。

神界では、宿命を表しています。

知性界では、神秘を表しています。

肉体界では、予期しない出来事や運命を表しています。

絵の意味

アルカナ 15 は、大災害の精霊であるティフォンが描かれています。ティフォンは、暴力の神であるエジプト神セトのギリシャ名ですが、その名のとおり災害を引き起こす悪魔です。

ティフォンは、いかなる動物にも似ることのない醜い身体をしています。ワニの頭を持ち、身体はカバ、足は山羊、女性のような乳房と男性器を持ち、へそからは蛇が出て、背中にはコウモリの翼を持っています。これらは、この生き物が闇の精霊であることを表し、悪しか生まないことを意味しています。さらに、鼻の上にある角は神への反逆を示し、神を脅かしているのです。

深い闇から熱した地表に姿をあらわすと、権力と暴力を我が手

に収めるべく右手には分裂と憎悪を表す笏を、左手には破滅を表す松明を持っています。

　足下には、羊の頭をしたふたりの男性がひざまずいています。これは、悪徳によって鎖で縛りつけられた、堕落した人間たちです。彼らのしぐさは、思い通りにならない悪の中にも、至高の真理があることを表しています。

　この絵は、火山が噴火するように、人生のある地点で大爆発が起こることを表しています。偉大な人も普通の人も、強い人も弱い人も、平等にもたらされる宿命としての災害を表しているのです。

市販のタロットについて
　『アイビス・タロット』『ブラザーフッド・タロット』『エジプシャン・タロット』は、多少の違いがあるものの、本書で紹介した基本画・解説を踏襲しています。
　ティフォンの色をみると、『アイビス・タロット』『エジプシャン・タロット』は緑で、『ブラザーフッド・タロット』は赤黒です。

　『ネフェルタリ・タロット』は大きく絵柄が異なります。
　ティフォンの代わりに、頭がワニで身体がカバの姿をした冥界の悪魔アメミットと、ひざまずくふたりの男性が描かれています。

啓　示
　あなたが地上にいる息子であろうと誰であろうと、老いた樫の木を思い描いてください。100年以上も稲妻からの被害を避けて

きたのに、ある日稲妻が落ちて燃えてしまうこともあるのです。

　神からあなたに、運命の刑人となる鍵が渡されない場合、未来を予見することは不可能です。突然の不運に見舞われたのなら、何をしても無駄な抵抗にすぎないため、自分の知恵と力を信じるのはやめたほうが賢明です。

　また、悪に仕えることは死に仕えることと同じです。無知と誤りは、混沌とした夜のような状況に無秩序を生み出すだけです。あなたが自身の運命の主人公になりたいのなら、人生を方向付けることが重要です。そうしなければ、あなたは貪欲者の餌食になるだけです。

占いの意味

　占いでこのアルカナがあらわれたら、逃れることのできない、強い欲望に支配されることを示しています。その好例が不倫やDVといった、道徳から逸脱した関係です。

　縁を切りたくても切ることができず、意を決して切ったところで、とりつかれたように再び元に戻ってしまう……そんな苦しい状況に陥りそうです。ネガティブでもポジティブでも、この状況は変わることなくあなたを支配し、不幸の沼に落とすのです。

　この悪の連鎖を断ち切ることができるのは、道徳心だけです。悪と不幸のしもべに別れを告げ、もともと歩んでいた光輝く道徳の道に早く戻れと、アルカナはあなたを諭しているのです。

16 雷に打たれたピラミッド

ブラザーフッド：雷

エジプシャン、ネフェルタリ：塔（タワー）

主意

破　滅

文字

Olelath

O

ゾ（アイン）

数字

70

占星術

木星・山羊座

ブラザーフッド：火星

ポジティブ

計画の変更、警告したのに起こる問題、混沌、
追放、転落、機能の低下

ネガティブ

逆境、大惨事、失敗、誤った野心の崩壊、
防御力の喪失、自業自得、病気

文字と数字、三界との関係

このアルカナの文字と数字は、O = 70 と表せます。

神界では、高慢な態度への罰を表しています。

知性界では、神の神秘に近づくことによる霊魂の浪費を表して
います。

肉体界では、運勢の転落を表しています。

絵の意味

アルカナ 16 は、突然の落雷により頂上が破壊したピラミッド
が描かれています。これは、予期しない不運の訪れを表していま
す。

王冠を被った人と無冠の人が、雷で壊れた破片と一緒にピラミ
ッドから落ちています。権力を持つ人もそうでない人も、雷とい
う予期しない出来事により、同じように墜落するという、物質的
な力の象徴を表しています。

これらは関係している人全員を破滅に導く「対立」の象徴でも

あります。具体的には、挫折した計画、消えゆく希望、破滅的な野心、破滅的な死、仁愛の衝突、人間のプライドと偽りの科学の崩壊といったものです。

市販のタロットについて

『アイビス・タロット』『ブラザーフッド・タロット』『エジプシャン・タロット』は、多少の違いがあるものの、本書で紹介した基本画・解説を踏襲しています。

『ネフェルタリ・タロット』は大きく絵柄が異なります。

ピラミッドではなく塔状の記念碑であるオベリスクに雷が落ち、頂部が壊れています。3人の男性が懸命に支えますが、その甲斐も空しく倒れてしまうでしょう。

啓　示

地上にいる息子よ、忘れないでください。

不幸な試練はすべて、万能である神が発する至高の意志によって起こることを。それを受け入れることで、永遠に報われる運命的な進歩を遂げるでしょう。

苦しみとは、物質的なものへの執着から自身を解放するための葛藤によって生じます。あなたは何に執着していますか？ お金や財産ですか？ それとも恋人ですか？ その気持ちを解放することで、死することのない不滅の衣を身に着けられるのです。

そして、光は聖なる炎であり、神の意志に奉仕するために自然界から与えられたものです。自分の言動に気をつけること。良心

の呵責に耐えられないことは、絶対にしないことが大切です。

占いの意味

　占いでこのアルカナがあらわれたら、計画を変更しないといけない事象が起こることを示しています。予定が大幅に変わるため、スケジュールを調整したり、方向性の変更を余儀なくされたりするかもしれません。しかし、いままでやってきたことが無になるわけではありません。霊性の向上のために、これからは他の場所で学びなさいという、アルカナの助言でもあるのです。

　上記の意味はネガティブもポジティブも同じですが、ポジティブの場合はうれしい変更の場合もあるようです。例えば、ノーマークだった人から愛の告白を受けたり、仕事で新しいプロジェクトメンバーに抜擢されたりといったことです。予期せぬうれしい変更ではありますが、本意ではないため悩むかもしれません。

17 魔術師の星

ブラザーフッド、エジプシャン、ネフェルタリ：星

主意

希　望

文字

Pilon
F、P

ブラザーフッド：F、P、PH

ｺ（ペー）

数字

80

占星術

水　星

ブラザーフッド：双子座

ポジティブ
希望、直感、良い兆候、素晴らしいアイデア、
強い感受性、理想、守護

ネガティブ
あきらめ、運命論、悪い兆し、好ましくない状況、
ないものねだり、軽率な好奇心、直感の欠如

文字と数字、三界との関係
　このアルカナの文字と数字は、F、P = 80 と表せます。
　神界では、不滅を表しています。
　知性界では、精神を照らす内なる光を表しています。
　肉体界では、希望を表しています。

絵の意味
　アルカナ 17 は、裸の若い女性と星が描かれています。彼女は、
人間が悲しみに暮れる日々に希望の露を撒く、希望の象徴です。

　星をみてみましょう。
　燃え盛るように 8 つの光線を放つ大星は、神・知性・肉体から
なる三界の象徴です。この星は、エジプトの聖なる星であるシリ
ウスだという人もいます。
　中央には、白と黒のピラミッドが、底辺で重なるように描かれ
ています。これは、魔術における偉大なる神秘法則である「上な
る如く、下もまた然り」(上もなければ下もない) の象徴です。
　大星の周囲には 7 つの小星が輝いています。7 つの封印で囲ま

れた運命の黙示録の象徴として、7つの惑星を表しています。

　若い女性をみてみましょう。
　彼女は裸で片膝をついています。これは、あなたがすべてを失ったときも、希望がともにあることを意味しています。
　ふたつの壺は善と慈を表し、中に入っている人間の病を癒すとされる普遍的な生命の流体を、不毛の大地と、悲しみの日々を表す水辺に注いでいます。
　彼女のそばには、希望の象徴としてロータスが咲いており、その上には、死を越えた復活の象徴である蝶が描かれています。これは逆境の象徴でもある蛾がロータスに飲み込まれている様子ともされます。いずれにしても、希望が大きな力となり、運命を動かすことを表しています。

　星が光を放ち、夜空を照らしています。このアルカナは、状況が良く見えないだけで、希望に満ちた世界が広がっていることを表しているのです。

市販のタロットについて
　『アイビス・タロット』『ブラザーフッド・タロット』『エジプシャン・タロット』は、多少の違いがあるものの、本書で紹介した基本画・解説を踏襲しています。
　『アイビス・タロット』は、雲の切れ間から星が瞬いています。障害を暗喩する雲があっても、女性の持つ想いや希望のほうが勝ることを示しているかのようです。
　『ブラザーフッド・タロット』は、11の星が加えられています。
　一方、『エジプシャン・タロット』は、蝶が描かれていません。

『ネフェルタリ・タロット』は大きく絵柄が異なります。

太陽とウラエウスといわれるコブラを頭上に配し、真理の羽を両手に持った女神が水辺に座っています。空には1つの大星、2つの中星、8つの小星が輝いています。

啓　示

地上にいる息子よ、忘れないでください。

希望は信仰の妹であることを。

熱情と過ちを捨てて、真の知識の神秘を追求してください。そうすれば、聖なる鍵があなたに与えられるでしょう。超自然の聖域からひと筋の神光が射し込み、あなたの未来にひろがる闇を払い、幸福への道を示してくれます。

あなたの人生に何が起こっても、希望の花を決して折ってはいけません。折らなければ、信頼の実がなるのです。

占いの意味

占いでこのアルカナがあらわれたら、願いが叶うことを示しています。置かれている状況はひどく、とてもそのように思えないかもしれませんが、現実はこのアルカナのように希望にあふれているようです。あなたの直感は間違っていません。自分を信じることを忘れないでください。

ネガティブな場合は、星の援護が得られないことを示します。直感も鈍っているようですから、無理に動いたところでうまくはいかないでしょう。

18 たそがれ

ブラザーフッド、エジプシャン、ネフェルタリ：月

主意

欺 瞞

文字

Tsadi

T S

ブラザーフッド：SH、TS、TZ

צ（ツァディ）

数字

90

占星術

金星・水瓶座

ブラザーフッド：蟹座

ポジティブ

洞察力、幻想、間違った直感、不安、
気まぐれ、隠された秘密

ネガティブ

嘘、危険、欺瞞、罠、不誠実な関係、
曖昧さ、水に関わる病気や事故

文字と数字、三界との関係

このアルカナの文字と数字は、ＴＳ＝90と表せます。

神界では、無限の深淵を表しています。

知性界では、本能という大きな力に服従するとき精神を包む闇を表しています。

肉体界では、欺瞞と隠れた敵を表しています。

絵の意味

アルカナ18は、月が半分雲に隠れる薄明るい原野に、2つのピラミッドが立っています。白いピラミッドの前には黒い犬が、黒いピラミッドの前には白い犬が座り、その間には蠍のいる沼があります。これは、嘘や欺瞞といった不穏な状況を示しています。

2つのピラミッドは、偽りの安全の象徴であり、隠された危険を予見することはできないことを表しています。また、白いピラミッドは真の知識を、黒いピラミッドは偽りの知識を表しています。

２匹いる犬のうち一方は敵対する霊として、あなたを襲おうと待ち伏せし、もう一方は卑しい霊として、思ってもいないお世辞を言うような裏切りの心を隠しています。

　蠍に扮しているのは怠惰な霊で、あなたの破滅に動じることなく沼に生息しています。

市販のタロットについて

　多少の違いがあるものの、いずれのタロットも本書で紹介した基本画・解説を踏襲しています。

　『ブラザーフッド・タロット』は、６つの星が加えられています。

　『ネフェルタリ・タロット』は、犬に扮した死者を導く神アヌビスが厨子の上に座る代わりに、沼とザリガニが描かれていません。

啓　示

　地上にいる息子よ、忘れないでください。

　未知なるものに挑戦する勇気を持つ者は、自らの破滅を準備しておく必要があることを。

　このアルカナは、よく周囲を観察し、耳を傾け、他人に自分の本心を打ち明けないよう諭しています。

　行動しないことは、悪を行うことでもあります。惰性は、臆病になった魂です。大きな苦しみがあるからこそ、前進があることを忘れないでください。

占いの意味

　占いでこのアルカナがあらわれたら、目に見えない危険が潜んでいることを示しています。誠実そうに見えるけれど実は詐欺師ではないかと疑ったり、交際している恋人に別の異性がいるように感じたり、人を信用できなくなるかもしれません。

　このアルカナは、ネガティブとポジティブのどちらにおいても、悪い予感が当たることを示しているので、あなたが抱いた悪い予感は残念ながら本当かもしれません。相手を問いただすといった具体的な行動は次にあらわれたカード次第ですが、いまは相手の様子をうかがうことが求められています。

19 光明

ブラザーフッド、エジプシャン、ネフェルタリ：太陽

主意

幸 福

文字

Quitolath

Q

ア（クフ）

数字

100

占星術

木星・魚座

ブラザーフッド：獅子座

ポジティブ

調和、友情、幸福、満足感、名声、
平和、芸術的な才能

ネガティブ

虚栄心、軽薄、実際的な感覚の欠如、エゴイズム、
仲間がいない、遅咲きの成功

文字と数字、三界との関係

このアルカナの文字と数字は、Q＝100 と表せます。

神界では、至高の天界を表しています。

知性界では、神聖な真理を表しています。

肉体界では、平和な幸福を表しています。

絵の意味

アルカナ 19 は、花でできた輪のなかで手を取り合っているふたりの子どもを、太陽が明るく照らしている様子が描かれています。これは、愛と幸福を表しています。

ふたりの子どもは上半身が裸か、あるいは服を着ていても簡素なもので、華美な装飾をつけていません。これは、子どもたちが無垢でけがれのないことを表しています。

手を取り合う姿は平和と友愛を表し、花はそれを歓迎するように咲き、太陽も祝福するように輝いています。

太陽の中に描かれた象形は、万物の生成を象徴しています。

市販のタロットについて

　『アイビス・タロット』『ブラザーフッド・タロット』は、多少の違いがあるものの、本書で紹介した基本画・解説を踏襲しています。

　『ブラザーフッド・タロット』は、ロータスのついた杖を持ち、胸にハヤブサ姿の天空神ホルスが描かれた少年と、花を手に持ちエジプト十字のアンクが描かれた服を着た少女が手をつないでいます。空には、７つのアンクが放たれた太陽と、６つの星がまばたいています。

　『エジプシャン・タロット』と『ネフェルタリ・タロット』は大きく絵柄が異なります。

　『エジプシャン・タロット』は、女神マアトの羽を付けた女性が太陽を祝福する姿が描かれています。太陽からからは９本の光線が手のように伸びています。これはアテン神で、地上の人々に恵みを与えています。

　『ネフェルタリ・タロット』は、ひざまずく裸の少年と、少年に向って手を伸ばすように光線を放つアテン神が描かれています。

啓　　示

　地上にいる息子よ、忘れないでください。

　神秘の光が人間の意志に奉仕するとき、危険なほど注がれていることを。

　その使い方を知る者には明るく照らし、知らない者や乱用する者には光を与えず、打ちのめします。神秘の光から守護を得たいのなら、偽りのない心と簡素な生活を送ることが大切です。

愛は、神に近づくことでもあります。愛は魂の太陽であり、生命にとって偉大なるアルカナ（秘儀）でもあります。愛と命を与える一方で相手を貶めることは、自分を苦しめることと同じであることを忘れないでください。

　また愛は、創造を補完して誘引するものであり、神の原理から直接発せられています。世界の終末を生き延びて人間を創造することによって、愛は永遠であり続けるのです。

占いの意味

　占いでこのアルカナがあらわれたら、満足いく状況が得られることを示しています。心配ごとや悩みごとから解放され、笑みがあふれてくるでしょう。あなたと意志を共にする仲間も現れそうです。

　カードからの良い加護を得るためには、欲深くならないことが大切です。「もっと良くなればいいのに」などと欲を出しては、アルカナの加護が得られません。この状況を受け入れ、満足することを忘れないでください。

　ネガティブな場合は、太陽の加護が得られないことを示しています。ないものねだりをしたり、虚栄に満ちた言動を取っていたりしているのかもしれません。

　仲間も次第に離れていき、どうしてうまくいかないのか不思議に思うこともありそうです。地に足をつけていないことが原因なので、身の丈に合った言動をとることを心がけてください。

20 よみがえり

ブラザーフッド：石棺

エジプシャン、ネフェルタリ：審判

主意

更　新

文字

Rasith

R

ﬧ（レーシュ）

数字

200

占星術

土　星

ブラザーフッド：月

ポジティブ

立場の変化、復活、考え方の刷新、宣伝・広告、
回復、解放、救出

ネガティブ

過信、失敗、後悔、病気の長期化、遅延、
冷静さの欠如、陶酔

文字と数字、三界との関係

このアルカナの文字と数字は、R = 200 と表せます。

神界では、最後の審判を表しています。

知性界では、道徳の刷新を表しています。

肉体界では、回復や復活を表しています。

絵の意味

アルカナ20は、精霊が天上からラッパを吹くと、閉じていた石棺が開き、中から3体の死者がよみがえる姿が描かれています。

世界の終末に死者がよみがえり、天国か地獄のどちらへ行くかが決まるという最後の審判を表すとともに、過ちや不作為の中で眠っていた魂の目覚めを表しています。

この死者たちは父・母・子からなる家族で、人間における三位一体の象徴でもあります。

このアルカナは善悪に限らず、万物の終末を迎える変化の兆しを表しています。

市販のタロットについて

『アイビス・タロット』『ブラザーフッド・タロット』は、多少の違いがあるものの、本書で紹介した基本画・解説を踏襲しています。

『アイビス・タロット』は、石棺にソベクらしきワニ姿の神とハヤブサ頭の神ホルス、その下には川と魚が描かれています。ソベクは女神イシスとともにオシリスの遺体を探してホルスの誕生に貢献した、いわば復活再生の神です。

『ブラザーフッド・タロット』は、精霊のまわりに７匹、石棺には２匹の聖虫スカラベと翼をつけたイシスが描かれています。スカラベは復活再生を守護し、イシスはオシリスに魔法をかけて復活させた、魔術の女神でもあります。

『エジプシャン・タロット』と『ネフェルタリ・タロット』は大きく絵柄が異なります。

『エジプシャン・タロット』は、死者となった人間を犬頭の神アヌビスが冥界裁判の場へと導く姿が描かれています。

『ネフェルタリ・タロット』は、神官が死者をミイラにしている姿が描かれています。

啓　示

地上にいる息子よ、忘れないでください。

運命はすべて動くものであり、絶対的に安定しているように見えても変化することを。

霊性の向上は、試練の連続を乗り越えた結果です。苦難のときには希望を忘れず、繁栄のときには危機感を持ちなさい。そして、怠惰や忘却に身を預けてはいけません。あなたの知らないうちに

運命の輪が回り出し、スフィンクスによって高く引き上げられるか、投げ落とされることになるのですから。

　そして、生きる人のために泣いても、死んだ人の前で泣いてはいけません。なぜなら、死者となった賢者の碑を永く守ることが、残された人間の務めなのですから。

占いの意味
　占いでこのアルカナがあらわれたら、復活することを示しています。別れた恋人とよりが戻るとか、体調が回復してきたとか、状況が好転しそうです。しかし、以前とまったく同じではなく、多少違うものとなるかもしれません。
　また、カードに描かれた精霊が吹くラッパは連絡や広告を暗示することから、電話やメール・ＳＮＳなどでの連絡や、テレビやネットで見た広告が、復活の予兆となるかもしれません。

　ネガティブな場合は、願いが叶わないことを示しています。喧嘩した友達との関係が回復しなかったり、探し物が見つからなかったりするかもしれません。諦められずに固執したところで、うまくいかないようです。クールダウンも兼ねて別の方法をとることが、運命の輪を回転させ、高みに上げる秘訣のようです。

21 魔術師の冠

ブラザーフッド：熟達
エジプシャン、ネフェルタリ：世界

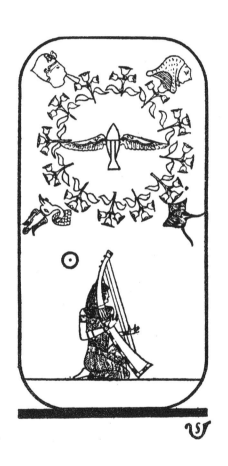

主意

報 い

文字

Sichen

S

ש (シン)

数字

300

占星術

太 陽

ブラザーフッド：太陽

ポジティブ

達成、有利な状況、大きな幸運、世界、
心の再統合、新たなスタート

ネガティブ

不完全、失敗、挫折、強い反対意見、
乗り越えられない障害、反乱

文字と数字、三界との関係

このアルカナの文字と数字はＳ＝300と表せます。

神界では、霊的な至高の力を表しています。

知性界では、次なる世界への扉を表しています。

肉体界では、達成を表しています。

絵の意味

アルカナ21は、至高のアルカナとして、存在・物・観念という魔術の連鎖を表す一方、ユダヤ教の秘儀カバラをラテン語に翻訳したとされる、原初の両性具有者の象徴でもあります。

ロータスで作られた冠の周囲に、宇宙の四元素を表す人間・牛・獅子・鷲の頭が配されています。これは、イニシエーションの頂点に達した魔術師に与えられるもので、星が秘儀を授ける一方、知性と知恵の限界が、さらなる上昇の妨げになることを表しています。

冠の中には、神・知性・肉体からなる三界の普遍的生成の最高

秘儀である、原始のリンガム（男性器）が描かれています。これは、無限の中にある絶対と、男女の合一を表しています。

　地上では、魔術師を称えるように、少女が神・知性・肉体を表す三弦のハープで宗教音楽を奏でています。

市販のタロットについて
　『アイビス・タロット』『ブラザーフッド・タロット』『エジプシャン・タロット』は、多少の違いがあるものの、本書で紹介した基本画・解説を踏襲しています。
　『ブラザーフッド・タロット』のハープには、上下２つの国の冠を被ったファラオが描かれています。エジプトを完全に制したものの、これで終わりではなく、さらなる高みへ昇ろうとしているかのようです。
　『エジプシャン・タロット』は、輪の上にホルスの目といわれる、天空を守護する象形が描かれています。

　『ネフェルタリ・タロット』は大きく絵柄が異なります。
　大地の神ゲブの上に大気の神シュウが立ち、天空の神ヌトを支えている姿が描かれています。一般的なタロットではこのカード名称は【世界】とされていますから、人間はもとより世界そのものを完成させた神々が描かれたこの絵は、ぴったりと言えます。

啓　示
　地上にいる息子よ、忘れないでください。
　世界の権力は光の帝国に属していることを。
　神は、自然界の隠された力を司る唯一無二の原理であり、調和

的な存在です。神の思し召しにより、聖なる意志を極めた者だけ
が玉座に座ることができます。

　魔術師にとっての幸福とは、善悪の知識の実を結ぶことです。
それは熱望せず、常に冷静に判断する人にのみ許されます。

占いの意味

　占いでこのアルカナがあらわれたら、大きな幸運を手に入れる
ことを示しています。長年付き合っていた人と結婚したり、任さ
れていた仕事が成功したりと、目標にしていたことを達成して一
区切りつけそうです。

　しかし、ここで終わりではありません。いままでの状況に幕が
下りるということは、新しいスタートラインに立つことでもあり
ます。これまでの経験を生かす旅が新たに始まるのです。

　ネガティブな場合は、目標を達成できず失敗することを示して
います。やりたいことがあるのにも関わらず、周囲から強い反対
があるばかりに、泣く泣くあきらめるかもしれません。

　不利だった状況を変えて、目標を達成することも可能です。そ
れは、何かを犠牲にするほど一生懸命やることです。「その覚悟が
本当にできていますか？」と、安易な考えのあなたを笑うように、
アルカナはネガティブに出ることもあるようです。

22 ワニ

ブラザーフッド：**物質主義者**

エジプシャン、ネフェルタリ：**愚者**

主 意

罪滅ぼし

文 字

Thoth

T

ת (タヴ)

数 字

400

占星術

日 食

ブラザーフッド：**冥王星**

ポジティブ

物質的な悩みからの離脱、奇行、軽快さ、
身体と心の休日、不可解な言動

ネガティブ

不確実、主体性の欠如、現実逃避、世間との断絶、
衝動性、愚かさ、無神経さ

文字と数字、三界との関係

このアルカナの文字と数字は T ＝ 400 と表せます。

神界では、宇宙創成の闇を表しています。

知性界では、非合理性を表しています。

肉体界では、物質主義を表しています。

絵の意味

アルカナ 22 は、オベリスクが倒れており、ワニが待ち構えている方へと男性が歩いていく姿が描かれています。これは、あらゆる間違いののちに起こる罰を表しています。

目の見えない男性が、大きな荷物を肩に掛けています。彼は物質の奴隷となった人間で、大きな荷物は、彼の犯した罪が大きなことを示しています。

倒れたオベリスクは、男性が手掛けていたものの、うまくいかなくなったため放置し、廃墟となったものです。

ワニは、容赦のない運命と、避けることのできない償いの象徴です。男性は目が見えないために、進む方向にワニがいることを知らないのかもしれません。そして、ようやく状況が分かるのは、ワニに食べられるときなのかもしれません。

　別の見方をすれば、ワニは、物欲に満ちた人間を飲み込む悪魔でもあります。多額のお金や身分不相応な高級品を欲する人間を、口を開けて待ち構えます。お金に目がくらんだために、ワニの餌食になってしまうということです。
　天の太陽は月に隠れ、日食です。古来より日食は不吉の象徴とされ、信用をおびやかす疑いを意味します。地上の不吉な出来事を、空でも表しています。

　このアルカナは、作者やカードによって番号や名称・並び順が違います。次頁にまとめました。

	番号	カード名称	カードの並び順
本書 サン・ジェルマン	22	ワニ	最後 （…21、22）
ポール・クリスチャン	0	ワニ	20と21の間 （…20、0、21）
ロベール・ファルコナー	21	無神論者	…18（19）、19（20）、 20（21）、21（22）、 22（18）※
アイビス・タロット	22	ワニ	最後（… 21、22）
ブラザーフッド・タロット	22	物質主義者	最後（… 21、22）
エジプシャン・タロット	0	愚者	最後（…21、0）
ネフェルタリ・タロット	0	愚者	最初（0、1 …）

※（　）は本書のカード番号。本書で19の【光明】は18、20の【よみがえ
り】は19、21の【魔術師の冠】は20、22の【ワニ】は21とし、18の【た
そがれ】は最後の22としています。

　エジプトタロット以外のタロットにおいて、このアルカナの名
称は【愚者（THE FOOL あるいは LE MAT）】とされています。
番号や順番も、マルセイユ版は22か0として21の後ろに配し
（…21、22か0）、ライダー版は0として、1の前に配しています
（0、1…）。しかし、ウェイトが発表した当初は、ポール・クリ
スチャンと同じく20と21の間でした（20、0、21）。
　エジプトタロットのみならず他のタロットにおいても、【愚者】

は自由気ままにアルカナの中を歩いているのです。

市販のタロットについて

　『アイビス・タロット』『ブラザーフッド・タロット』『エジプシャン・タロット』は、多少の違いがあるものの、本書で紹介した基本画・解説を踏襲しています。

　『アイビス・タロット』は、空には暗雲がたちこめ、男性の着ている洋服はめずらしくカラフルです。一色で描かれていないことで、この男性は自分の意志や意見が定まっておらず、気ままな性分であることを表しているかのようです。

　『ブラザーフッド・タロット』の男性は、ヒョウ柄の布をまとい、ストライプの服を着ています。

　『エジプシャン・タロット』は、地面ではなくナイル川の上を男性が歩いています。

　『ネフェルタリ・タロット』は大きく絵柄が異なります。

　男性の行く手を犬が注意しているというライダー版をなぞる構図になっており、白い布をまとった男性が前に進もうとしているところを猫らしき動物が注意しています。

　また、番号も他のタロットとは異なり、0から始まります。カードを左から0、1、2……と並べるとわかるように、右に向かってアルカナの道がひらけており、左は本来の道ではありません。それを注意するかのように、地面は赤く塗られています。

啓　示

　星空は普遍的な人生の書であり、それを読もうとしないのは、自身の目を閉ざすことです。無神は、罰を受ける宿命を創り出し、

何も信じないことは、生ける屍と同じです。

占いの意味

　占いでこのアルカナがあらわれたら、自由になることを示しています。自由とは、いかなるものにも縛られることなく、気ままに振る舞うことです。恋人と別れた人なら、寂しさよりも恋愛から解放された気持ちのほうが強いようですし、仕事を辞めた人なら、明日から無職の代わりに自由を手に入れた思いが強くなるでしょう。あるいは、型にはまらない豊富なアイデアを武器に仕事をする場合も、このカードが出るようです。

　しかし、自由さが度を過ぎると、奇行に変わります。自由と無責任が結びつくことで、浅はかな行動になったり、不誠実で意味不明な言動になったりすることもあるようです。

　このマイナス面は、ネガティブでもポジティブでも同様です。自由な半面、周囲からの信用が得られにくくなることを示していますから、約束や責任は果たすことを忘れないでください。

5章　小アルカナ・カード解説

解説のまえに

　小アルカナは４つのスートからなり、各スートは１〜10の数札（ピップカード）と、４枚の人物札（コートカード）から構成されています。スートと人物札の主な名称は下記のとおりです。タロットによって表記が違いますが、本書ではいちばん左に記した名称に統一して解説します。

４つのスート
王笏：SCEPTRES・SCEPTERS・WANDS 他
聖杯：CHALICES・CUPS 他
聖剣：SWORDS 他
硬貨：COINS・PENTACLES 他

４枚の人物札
王　：王（KING）・支配者（MASTER）他
女王：女王（QUEEN）・女性支配者（MISTRESS）他
騎士：騎手（HORSEMEN）・戦士（WARRIOR）・騎士（KNIGHT）他
小姓：小姓（JACK・KNAVE）・奴隷（SLAVE）・若者（YOUTH）他

※『ブラザーフッド・タロット』はカード名称が書かれていない代わりに、右下にスートの絵が、左上に数字かアルファベット（K＝王、Q＝女王、H＝騎手、J＝小姓）が書かれています。さらに右上には星座か四元素が、左下には惑星か人間と３種類の動物あるいはトランプのスート（ハート・スペード・クラブ・ダイヤ）が書かれています。

　名称の前にあるのは、大アルカナからの通し番号です。サン・ジェルマンはギリシャ数字で著していることから、『アイビス・タロット』も同様に書かれています。10の位について、20はXX、30はXXX、40はXL、50はL、60はLX、70はLXXです。

　名称において、エジプトタロットではエースを1とするのが伝統のため、本書もそれに倣っています。

　タロット画は、サン・ジェルマンが著した『実践占星術』に描かれたものを基本画として掲載しています。ライダー版など他のタロットに慣れた方の中には、正逆が違うのではと思うことがあるかもしれませんが、間違えではありません。市販のタロットは、下部にカード名称があるため正逆がすぐにわかるようになっていますから、占いで混乱することはないでしょう。

　解釈は、タロットに付属する冊子はさまざまですが、本書ではポール・クリスチャン著『テュイルリー宮殿の赤い男』をベースにサン・ジェルマン著『実践占星術』を合わせたものと、1888年マクレガー・マサース（メイザース）著『ザ・タロット』を現代風に訳して紹介しています。

　ポール・クリスチャンとサン・ジェルマンの解釈は、カード名称のすぐ下に書かれているものです。正位置のみの場合だけでなく、正位置と逆位置を採る場合においても参考となるでしょう。

マサースの解釈は、○と●に書かれているもので、○がポジティブまたは正位置、●がネガティブまたは逆位置の解釈です。正位置と逆位置を採る場合だけでなく、正位置のみの場合でも参考となるでしょう。

　どちらの解釈が優れているといったことはありませんから、好きな解釈を使うとよいでしょう。マサースの解釈は、元祖エジプトタロットを発表したエテイヤの解釈が、100年の時を経て微妙に変化したものであることもあり、筆者はマサースの解釈を好んでいることから本書でもその解釈を例題で多く採用しています。

王笏
<ruby>王<rt>おう</rt></ruby> <ruby>笏<rt>しゃく</rt></ruby>
—SCEPTERS・WANDS—

23 王笏王

強力な守護者を探すことで成功できます。意志
と信念があれば出会えるでしょう。

○地方に住む男性、田舎の紳士、知識、教育

●善良だけど厳格な男性、相談、助言、熟考

24 王笏女王

あなたの将来は女性にかかっています。彼女を
見つけなければ成功できないでしょう。

○田舎に住む女性、不動産を持つ女性、お金が好き
　な女性、貪欲、高利貸し

●善良で高潔だけど厳格で節約志向の女性、障害
　物、抵抗、反対

25 王笏騎士

成功は努力と忍耐によってのみ得られることを
意味します。善悪は関係なく、行動することで実を
結びます。

○出発、分離、分裂

●不成立、決裂、不和、喧嘩

26 王笏小姓

　このままでは失敗しそう。愚かな計画を止めない限り、労力は無駄に終わるでしょう。

○善良な他人、良い知らせ、喜び、満足、達成

●悪い知らせ、不愉快、悔しさ、残念、心配

27 王笏1

　創造的な知性と有益な労働が幸いし、最後に成功を手にできることを意味します。

○誕生、開始、始まり、起源、出どころ

●虐待、迫害、追跡暴行、いらだたしさ、残酷、独裁政治

28 王笏2

　支援の必要性を意味します。

○富、幸運、富裕、壮大、高貴

●驚き、驚愕、出来事、事件

29 王笏3

　独創的な才能に恵まれて成功するでしょう。

○大掛かりな企て、事業、商業、貿易、交渉

●希望、欲望、試み、願い

30 王笏4

望みが叶いそう。関わっている事業は成功するでしょう。

○社会、団結、提携、協会、協調、調和

●繁栄、成功、幸福、好都合

31 王笏5

高いプライドと短気な性格が災いしてすべてを台無しにしない限り、多くのチャンスに恵まれて成功するでしょう。

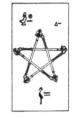

○ゴールド、豪華、贅沢、利益、遺産、財産、幸運、金銭

●法的手続き、裁判、法律、弁護士、裁判所

32 王笏6

事業の失敗を意味します。意志と忍耐が弱いなら、障害が起こったり遅れが生じたりしそうです。

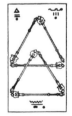

○試み、希望、欲望、願い、期待

●浮気、裏切り、背信行為、不信

33 王笏7

成功に必要な要素である、困難に打ち勝つことのできる優れた知性を持っていることを意味します。

○成功、獲得、有利、利益、勝利

●優柔不断、疑問、ためらい、困惑、不安

34 王笏8

　上昇も下降もなく運勢は均衡していますが、隣
にあるカード次第では闘争や訴訟、パートナーシ
ップや結婚の破綻が起こります。

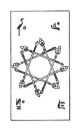

○理解、把握、観察、注目、方向性
●口論、仲たがい、内輪もめ、不和

35 王笏9

　矛盾や遅延が生じているなら、慎重さと思慮深
さを忘れないこと。

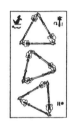

○秩序、規律、良い取り決め、気質、傾向
●障害、（刑罰のための）十字架、罪を背負う、遅
　延、不愉快、不満

36 王笏10

　旅に出ることになりそう。また、芸術や学問を通
じて富と名声がもたらされ、喜びに包まれるでし
ょう。

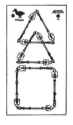

○自信、確信、信用、安全、名誉、誠実
●裏切り、策略、ごまかし、二枚舌、偽り、障害

聖 杯
せい　　はい

－CHALICES・CUPS－

37 聖杯王

　地位のある男性から頼りにされ、誠実な友情と
援助を受けそう。女性の場合、素晴らしい結婚を意
味します。

○品行方正な男性、美男、善良、親切、寛容、気前
　の良さ
●地位は高いがずる賢い男性、不信、嘘、疑惑

38 聖杯女王

　地位のある女性に見染められて援助を受けそ
う。男性の場合、素晴らしい結婚を意味します。

○品行方正な女性、美女、成功、幸福、利益、喜び
●地位は高いが邪魔をしてくる信用できない女性
　成功するがトラブルがつきまとう

39 聖杯騎士

　女性のせいであらゆるトラブルが発生しそう。
愛情関係は破綻するかもしれません。

○到着、接近、前進
●二枚舌、信頼関係の乱用、詐欺、ずる賢さ

40 聖杯小姓

　不幸な恋愛や信頼していた人から裏切られて苦しむことを意味します。
○品行方正な若者、美少年、信頼、誠実、思慮深さ、高潔
●お世辞を言う人、まやかし、欺き、策略

41 聖杯1

　理性がきかない強い情熱が破滅を引き起こすことを意味します。
○ごちそう、祝宴、上機嫌
●変化、斬新、変形、移り気

42 聖杯2

　お互いに献身しあう愛を意味します。
○愛、愛情、友情、誠意、誠実
●交差する欲望、障害物、反対、対立、邪魔者

43 聖杯3

　純粋な愛が始まりそう。また、希望は早期に実現するでしょう。
○成功、征服、勝利、好材料
●事業の拡大、迅速、急速、警戒

44 聖杯4

　大きな喜びが待ち受けていることを意味します。家族が増えたり、固い友情や永遠の愛に出会ったりするでしょう。
○倦怠、不愉快、不満、不機嫌
●新しい知人、推測、兆候、予感

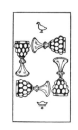

45 聖杯5

　心に希望が灯ることを意味します。恋愛は絶好のチャンスが訪れそう。
○合併、結合、結婚、相続、受け継ぎ
●到着、帰還、ニュース、予期しない驚き、偽の計画

46 聖杯6

　一時の気の迷いのせいで間違った選択をしそうです。自分の心や道徳に耳を傾けることで難を逃れられます。
○過去、過ぎたもの、衰え、消滅、姿を消す
●未来、将来、これから起こること、まもなく、すぐ

47 聖杯7

　女性が勝利したり女性の援助を得て勝利したりすることを意味します。自分本位にならないことで、パートナーに恵まれて幸せになれるでしょう。
○発想、感傷、熟考、プロジェクト
●計画、考案、決意、決断

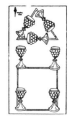

48 聖杯8

　幸せな同盟、パートナーシップを築けるでしょ
う。
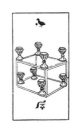
○品行方正な少女、美少女、友情、愛情、優しさ
●陽気、ごちそう、祝宴、喜び、快楽

49 聖杯9

　パートナー選びは慎重に。年上との結婚は避け
たほうが賢明かもしれません。

○勝利、好都合、成功、困難の克服
●欠点、誤り、間違い、欠陥

50 聖杯10

　隣のカードが良ければ、願望や希望が成就する
ことを意味します。

○質問者の住む街、名誉、考慮、尊敬、美徳、栄誉、
　名声
●戦い、衝突、対立、相違、紛争

聖　剣
せい　けん
－SWORDS－

51 聖剣王

　幸運なキャリアを築けますが、手強い敵や嫉妬深いライバルに出会うかもしれません。

○弁護士、法律家、権力、命令、優位、権威

●邪悪な男性、無念、心配、悲しみ、恐れ、妨害

52 聖剣女王

　嫉妬が原因で関係が破綻するでしょう。

○未亡人、独身女性、損失、不足、不在、分離、離別

●悪い女、機嫌が悪く偏屈な女性、財産はあるが不和、裕福さと悩みの併存、喜びと悲しみ

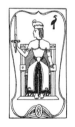

53 聖剣騎士

　ライバルの攻撃を受け、立ち直れないような大きなダメージを受けそうです。

○兵士、武器を使用する職業、巧みさ、能力、手際の良さ、迅速

●うぬぼれの強い愚か者、無邪気、単純さ

54 聖剣小姓

　手段を選ばずに危害を加える敵のせいで、大き
なダメージを受けそうです。
○スパイ、見張り、権力
●予期できないこと、警戒、用心、補佐

55 聖剣1

障害にもめげずに成功することを意味します。
○勝利、多産、繁栄、繁盛
●恥、きまりの悪さ、愚かで希望がない愛、障害物、
　邪魔者

56 聖剣2

敵の攻撃から免れることができそうです。
○友情、勇敢、断固とした態度、勇気
●偽りの友、裏切り、嘘

57 聖剣3

　争いや訴訟などを仕事とする人には好ましいカ
ードですが、ほとんどの人には悪い問題が起こり
そうです。
○修道女、尼僧、分離、決裂、不和、喧嘩
●間違え、混乱、失政、無秩序、騒動、不調

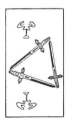

58 聖剣4

　差し迫った危険を意味します。罪深い考えや行動、後悔や自責の念を抱きそうです。

○孤独、後退、隠れ家、放棄、孤高、世捨て人、隠者

●経済的、用心、出費の調整

59 聖剣5

　相手に危害を与えるに至る怒りや恐ろしい復讐といった、狂気じみた考えを持ちそう。衝動的になったり盲目的に従ったりすることは大きな危険を伴うでしょう。

○●哀悼、悲しみ、苦悩、損失の悩み

※正位置も逆位置も同じ意味です。

60 聖剣6

　邪悪な誘惑があったり、逆境に置かれて苦しめられたりしそう。

○使者、配達人、航海、旅行

●宣言、発表、愛の告白、新事実、驚き

61 聖剣7

　勝利を得るものの、トラウマになるような大惨事にあったり、地位を失ったりするかもしれません。

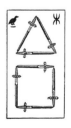

○希望、自信、信頼、欲望、試み、願い

●賢明なアドバイス、良い助言、知恵、慎重、周到

62 聖剣8

　悪意ある敵から解放されそう。困難な状況が去り、希望が見えてくるでしょう。

○病気、悪口、批判、非難

●過去の裏切り、事故、顕著な事件

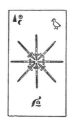

63 聖剣9

　賢明さや思慮深さを忘れては、悲しみや信じられない争いが生じるなど痛手を負うことになるでしょう。

○聖職者、良心、誠実、善意、高潔さ

●根拠のある疑惑、不信、恐れ、疑念、怪しい人物

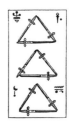

64 聖剣10

　獲得と損失、平穏と闘争が繰り返し起こることを意味します。隣のカードが悪ければ、自身が最悪の敵になるでしょう。

○涙、苦悩、悲しみ、不幸

●すぐに過ぎ去る成功、一時的な優位

硬　貨
－COINS・PENTACLES－

65 硬貨王

　影響力のある人物を通じて、運勢が上昇することを意味します。

○男性の労働者、肌や髪が薄黒い男性、征服、勇敢、勇気、成功

●意地悪な高齢者、危険な男性、疑い、恐怖、危険、脅威

66 硬貨女王

　素晴らしい結婚をしたり、影響力のある人物が助けてくれたりしそうです。硬貨のアルカナは、お金やお守りとして身につけるコインを表します。

○女性の労働者、肌や髪が薄黒い女性、寛大な女性、気前の良さ、偉大な魂、寛容

●確信の悪、怪しい女性、疑惑のある女性、嘘、不信

67 硬貨騎士

　厳しい試練を乗り越えた後に、大きな幸運が待っていることを意味します。浮き沈みが激しい人生になるでしょう。

○有能な男性、信頼、知恵、経済的、秩序、規則
●勇敢だけど無職の男性、失業者、怠慢

68 硬貨小姓

お金に対して過度に執着したり賢明でない投資
で失敗したりして貧困に陥りそう。盲目的になり、
お金のためなら何でもする傾向もありそうです。
○勤勉な少年、肌や髪が薄黒い少年、経済的、秩序、
　規則、管理
●道楽、浪費、消耗、放蕩

69 硬貨1

正しい言動を行って賢明で冷静な思考を保って
いれば、目標を達成できることを意味します。この
ため、このアルカナは「幸運のお守り」とも呼ばれ
ています。
○完全な満足、幸福、繁栄、勝利
●金貨の入った財布、お金、利益、助け、富

70 硬貨2

有益なパートナーシップや結婚のチャンスがあ
りそうです。
○困惑、心配、困難
●手紙、公文書、書簡、メッセージ

71 硬貨3

　幸運を意味します。賢明さを忘れず努力を惜し
まないことで、富を確保できるでしょう。

○高貴、崇高、威厳、品位、権力

●子ども、娘、息子、若者、始まり

72 硬貨4

　賢明な方法で多額の財産が得られることを意味
します。

○喜び、陽気、愉快、楽しみ、満足

●障害、妨害

73 硬貨5

　だらしない生活を送り財産を浪費したせいで、
繁栄できないことを意味します。気が付いたとき
には、もう遅いようです。

○恋人、愛人、愛、甘美、愛情、純粋でプラトニッ
　クな愛

●不名誉な愛、不謹慎、だらしなさ、みだら

74 硬貨6

　予期しない幸運が舞い込むことを意味します。
幸運が持続するかは隣のカードによります。

○贈り物、土産、満足

●野心、欲望、情熱、目標、切望

75 硬貨7

　努力によって大きな幸運が待ち受けていること
を意味します。

○お金、金融、宝物、利益、儲け、得

●妨害、心配、恐れ、不安、憂うつ

76 硬貨8

　大きな希望を抱いても、平凡な結果に終わりそ
う。お金を借りるのは止めたほうがよさそうです。

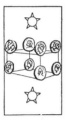

○若い女性の労働者、美しさ、率直、純潔、天真爛漫

●お世辞、高利貸し、偽善、ずる賢さ

77 硬貨9

　思ってもいない事件が起き、幸運がもたらされ
ることを意味します。幸運を掴みたいなら、用心深
くなることが大切です。

○思慮深さ、慎重さ、細心の注意、用心深さ、洞察
　力

●騙す、詐欺、悪意、ずるさ、ごまかし

78 硬貨10

　幸運に守られています。巨万の富を手に入れる
ことも夢ではありません。

○家、住居、居住、家族

●ギャンブル、散財、盗難、損失

小アルカナをより理解するために

　紹介したキーワードを暗記するのも方法ですが、なかなか大変です。小アルカナと他の方法とを対応させて解釈する方法もあるので、ご紹介します。

ライダー版と対応させる
　ライダー版に慣れている人ならイメージがすぐ浮かぶでしょうから、占いやすい方法といえるでしょう。

　「でも、それって邪道では」などと悩む必要はありません！ ライダー版の解説書である『タロット図解』には、エティヤ版をもとにした解釈とともに、ウェイトがアレンジしたものが書かれています。作画は、その中から際立ったものにフォーカスし、意味を広げるようにパメラ・コールマン・スミスが作画したものです。

　このため、本書で紹介したエティヤ版をもとにしたマサースの解釈はライダー版の元とも言えますから、ライダー版の意味で占っても差しつかえないといえます。

大アルカナと対応させる
　１〜10の小アルカナを、１〜10の大アルカナの意味と対応させたのち、スートの意味と合わせて解釈します。人物札も同様に、スートと合わせて解釈していきます。

スートと人物札の意味は下記のとおりです。

なお、火・水・風・地とは、西洋思想にある、世界を構成する四元素のことです。「火」は燃え上がる炎を、「水」は川や雨からもたらされる液体を、「風」は目に見えない大気を、「地」は大地の地面を表します。

スート
王笏：「火」行動力、瞬発力、野心、情熱、直感
聖杯：「水」感受性、感情、愛、友情、芸術性
聖剣：「風」思考、社交的、情報、柔軟性、言葉
硬貨：「地」経済性、物質、慎重、現実的、堅実

人物札
王　：「火」35歳以上の男性、父、責任者、頼れる人
女王：「水」母、35歳以上の女性
騎士：「風」青年期、若い男性（20〜35歳ぐらい）
小姓：「地」子ども、部下など目下の人物

数字と対応させる

1〜10の小アルカナを1〜10の数字の意味と対応させたのち、スートの意味と合わせて解釈します。人物札については、前述の「大アルカナと対応させる」と同様に解釈してください。

根拠とする数字の意味は、さまざまな数秘術のなかから好きなものを使ってかまいません。ここではロベール・ファルコナーが著した、エジプトタロットに伝わるものを紹介します。

1　数の合成から生まれる神の統一

2　団結、男女の結合

3　普遍的な三界（神・知性・肉体）

4　強い数、三界で完成する統一、完全な正方形
　　肯定・否定・議論・解決の流れ

5　信条と信仰、手足の指の数（調停や仲裁を表す）

6　天と地のバランス、三界から生じる完全な数

7　魔法の聖なる数字、音階や曜日など万物を構成する基本数

8　正義とバランスの数、それだけで完結する数

9　三界が３つ集合した数

10　存在と非存在といったすべてを含む普遍的かつ絶対的な数

　奇数と偶数の意味は以下のとおりです。

奇数：陽の気質、能動性、積極性、男性的

偶数：陰の気質、受動性、受け身、女性的

6章　占いの方法

占いをする前に

　カードを手にしてさあ占い！の前に、やることがあります。それは、環境や自身を整えることです。そうすることで、占いの解釈がしやすくなり、当たるも八卦を超えた、神託ともいえる占いができるようになります。

　そのための方法をこれから紹介しましょう。どれも難しいことではありませんから、占いをする前にやってみてください。

占いをする環境・時間

　集中できる静かな場所で行うようにし、深夜や疲れているときには行わないようにします。実は、真夜中は占いが当たりやすい時間なのですが、それは夜に活発になる霊たちが教えているからです。半面、占いをする人の正気を吸っていきますから、徐々に調子が悪くなり、病気になる人もいるようです。

　当たる占いをしたいといっても、体調が悪くなっては「良い占い」とは言えません。そんなことにならないよう、真夜中や疲れているときは占いをしないほうが良いでしょう。

占いをする場所

　集中できる静かな場所で行うようにします。部屋が散らかっていたら片付けて、クリーナー掛けなどするのがベストですが、時間や場所の関係で難しい場合も多いでしょうから、机の上だけでもきれいにしましょう。

　机の上を拭いたのち、布（クロス）を敷きます。占い用として市販されているものが最適ですが、生地屋さんで売っている最低60cm四方の無地の布で十分です。布を敷くことで、普段の生活で使う机から、占いという人智を超えた行為にのぞむ小さな聖域へと変わります。

瞑想で心身を整える

　自身を内面から整えるために、占いの前に瞑想するのは有効です。瞑想することで、集中力向上も期待できます。ボックス瞑想と448瞑想を紹介しますが、この他にもいろいろあり、慣れている方法があるならそれでかまいません。

　ボックス瞑想は、4秒息を吸って、4秒止めて、4秒息を吐き、4秒止めます。
　448瞑想は、4秒息を吸って、4秒止めて、8秒息を吐き出します。
　いずれの方法も、肩の力を抜いて深く椅子に座り、背筋を伸ばし、顎を引くようにします。時間は5分程度で良いでしょう。

　瞑想は普段の生活の中でも行うと良いです。ちょっと空いた時間に椅子に座って2〜3分、1日数回行います。気が動転するよ

うなことが起きても、瞑想することで次第に冷静さを取り戻し、最善の対処法が思いつくものです。筆者は瞑想のおかげで何度も助けられているので、皆様にも強くお勧めします。

基本的な占いの手順

環境や心身の準備が整ったら、いよいよ占いに入りましょう。

1 質問を決める

文字通り、占いたい内容を決めます。このとき、占う内容の時期や期間があればそれも決めましょう。

例えば「半年後に完成予定のプロジェクトは成功するか？」という質問の場合は期間が分っているので大丈夫ですが、「今の仕事がうまくいくか？」という場合は漠然としていますね。「とりあえず今後3か月のゆくえ」としてもいいですが、決めないで占うこともできます。この場合、その仕事の最終的な結果とともに、その期間や終わる時期も占いで表れる場合が多いですから、カードを信じて読んでください。

「3か月以上先は占ってはいけない」などと言う占い師もいるようですが、筆者はそのような期間のしばりはないと考えています。半年先でも1年後でも、あるいは50年後でも占って大丈夫です。

しかし、あまりにも先の将来を占うのは考えものです。いろいろ起こるのが人生ですし、内容もぼやけてしまいがちです。期間

は長くしすぎず、せいぜい１年後程度にしたほうが良いようです。

２ カードの展開・解釈方法を決める

　７章で紹介する各種展開法の中から、質問に合わせて最適なものを選びます。クロス展開法のように最初から指定がある場合を除き、以下についても決めるようにします。

・大アルカナのみか、大小すべてのアルカナを使ったフルデッキにするか。
・正位置のみか、逆位置も採るか。

　つまり、次の４パターンがあります。
・大アルカナのみ・正位置と逆位置を採る
・フルデッキ・正位置と逆位置を採る
・大アルカナのみ・正位置のみ
・フルデッキ・正位置のみ

　「正位置のみか、逆位置も採るか」について、どちらで占うかによってシャッフルの仕方が違います。以下、それぞれの手順について説明します。

３ シャフルの仕方

３－１ 正位置と逆位置を採る方法の場合

〈３－１－１ ひとつの束にする〉

　すべてのカードがそろっていることを確認し、ひとつの束にまとめます。大アルカナのみの場合は 22 枚、大小すべてのアルカナ

を使う場合は 78 枚です。カードの向きは、正位置に統一する必要
はありません。

<h3 style="text-align:center">〈3−1−2 シャッフルする〉</h3>

　裏面を上にしたものを机に広げて両手で混ぜ合わせます。良い
と思うところで止めて、ひとつの束にまとめます。混ぜる方向は、
時計回りでも反時計回りでも、どちらでもかまいません。

<h3 style="text-align:center">〈3−1−3 カードを引く〉</h3>

　カードの束を手に取り、展開法に従ってカードを並べていきま
す。指定やこだわりがなければ、上から順番に置いてかまいませ
ん。カードを表にするのは、置きながらでも、すべて置いたのち
でも、どちらでもかまいません。

　このとき、カードを上下逆にするようなめくり方はやめましょ
う。正位置で出ていたカードが逆位置になってしまい、占断も変
わってしまいます。

3−2 正位置のみの方法の場合
<h3 style="text-align:center">〈3−2−1 正位置にする〉</h3>

　カードの枚数を確認したのち、すべてのカードを正位置にしま
す。

<h3 style="text-align:center">〈3−2−2 シャッフルする〉</h3>

　裏面を上にして、ひとつの束にしたものを手に持ちシャッフル
し、良いと思うところで止めます。

　シャッフルの方法は、トランプを切るときと同じ方法（ヒンズ
ーシャッフル）か、カードを横向きにして行う方法（オーバーハ

ンドシャッフル）を用います。

　途中でカードが落ちて表面になった場合、それを見てなかった
ことにして束に戻し、シャッフルを再開してください。

〈3 - 2 - 3 カードを引く〉

　シャッフルが終わったらカードを扇状に広げたのち、好きなカ
ードを抜き取り、展開法に従って並べていきます。カードを引く
のは左右どちらの手でもかまいません。

　カードを抜き取るのは、自分を占う場合や質問者が目の前にい
ない場合は占者が行いますが、質問者と対面している場合は、選
んでもらうのも良いでしょう。

　大アルカナのみで占う場合は上記の手順だけで大丈夫ですが、
小アルカナも使ったフルデッキで占う場合は、以下の①〜③の要
領で行うようにします。

①大アルカナと小アルカナを分けて、それぞれの束を作ります。
　枚数は、大アルカナ 22 枚、小アルカナ 56 枚です。

②大アルカナを 3 - 2 の手順で扇状に広げたのち、小アルカナも
　同じ手順で扇状に広げます。小アルカナを扇状にする場所は、
　大アルカナの隣でも上側でも、どこでもかまいません。

③大アルカナを展開法に従ってすべて引いて表にしたあと、小ア
　ルカナも同じように引いていきます。小アルカナは大アルカナ
　の隣に置いてもいいですが、場所がない場合は大アルカナの上

にずらすように置いてもかまいません。

解釈のコツ

カードが展開できたら、いよいよ解釈していきます。

　フルデッキで正位置と逆位置も採る場合、1枚ずつカードを解釈するまえに、まずは全体を見渡してください。その際、特定のカードが多く出ている場合、結果に大きく影響を与えます。以下のような状況になっていないか、チェックしてみましょう。

・小アルカナより大アルカナのほうが多い場合、問題が大きなことが多いようです。反対に、小アルカナのほうが多い場合、問題は人生を左右するようなものではないと解釈できます。

・特定のスートや数札、あるいは人物札が多く出ている場合、そのエネルギーが結果に反映されることを示しています。それぞれの意味は5章の「小アルカナをより理解するために」を参考にしてください。

　フルデッキで正位置のみで解釈する場合、小アルカナの解釈は、大アルカナで出た解釈の補足と考えてください。つまり、小アルカナにおいてネガティブかポジティブのどちらの解釈を用いるかは、大アルカナの結果次第になります。
　このため、聖剣が多く出ているなど、特定のカードが目立っても、結果には関係しません。

キーワードを広げていく

　見渡したのち、1枚ずつカードを解釈していきます。初心者の
うちはカード解説を参考にしながら解釈していくのが良いでしょ
う。しかし、質問に見合うキーワードがみつからない場合のほ
うが多いかもしれません。その場合、キーワードの意味を広げて
いったり、アレンジしたりというように、柔軟に読むようにしま
しょう。

　特に小アルカナの場合、意味に沿った絵柄があまり描かれてい
ないためもあり、そういった力が要求されます。カードの意味を
覚えるか、5章の「小アルカナをより理解するために」にある方
法で解釈することになりますが、どちらも難しい場合は、カード
に意味を書き込むのも方法です。

　「それは邪道では」などと心配する必要はありません！　エテイ
ヤ版は、カードに正位置と逆位置の意味が書かれていますから、
先祖に返ったようなものです。

絵柄を熟知する

　大アルカナにおいては意味だけでなく、カードの絵柄を理解す
ることも占い上達の早道です。キーワードは勝手に湧いて出てき
たのではなく、絵柄から連想できる言葉を抽出したものです。タ
ロットを何年もやっているのにうまく解釈できない人は、キーワ
ードにとらわれすぎている場合が多いようです。キーワードを覚
えるのではなく、絵柄がどのような意味を持っているかを理解す
ることで、深い占いをすることができるでしょう。

　占いの際、カードに描かれている人物を、質問に出てくる人物

と重ね合わせるのは良法です。質問に出てくる人物を軸として、質問の内容とカードに描かれた人物や情景と質問を重ね合わせるように見ていくと、1枚のカードから詳細かつ具体的な解釈ができるようになります。質問に出てくる人物をカードの誰と重ね合わせるかは、最初のうちこそ迷うかもしれませんが、次第にカードを見た瞬間に分かるようになるでしょう。

　例えば、両親との確執について占い、【5　アルカナの権力者】が出た場合、中央の法王を父親に当てはめるのがベーシックですが、家にいることが多い母親を、家の中の権力者として当てはめることもできます。しかし、学校の先生や親族といった、質問には直接登場しないけれど権力を持っている人物が法王に該当し、問題を解決に導く、といった解釈もできます。

　現実はときに「まさかそんなことが!?」というような、想像を超える状況になることがあり、それを予測するのが占いの役目でもあります。想像を働かせて、頭を柔らかくして考えることを忘れないようにしましょう。

ノートに書き留める

　占ったことは質問とともに、出たカードと解釈・予想をノートに書き留めておき、あとで検証すると上達が早くなります。その際、日付を書くことも忘れないでください。

　当たった結果よりも外れた結果のほうが、貴重な学びとなります。「どうして外れたのか？」「解釈をどこで間違えたのか？」タロットを見ながらじっくり考えてみてください。もしかしたら、

何日も考えることになるかもしれません。

　そうなった場合、筆者は答えが浮かぶまで一日中ずーっと考えますが、それが何日も続くことがしばしばです。それは苦しい一方で、楽しい時間でもあります。考えあぐねた結果、解った時の嬉しさはひとしおです。……これはやりすぎなのかもしれませんが、得た答えは貴重な財産となり、その後、占いをする上で重要なデータとなるのです。

7章　展開法

　さまざまな方法の中から、エジプトタロットに適した展開法を紹介します。なお、ライダー版タロットの定番であるケルト十字法は、エジプトタロットではあまり行わないこともあり、割愛します。

　例題は、各展開法について、できる限り４つのパターン（大アルカナのみ・正位置と逆位置を採る方法、フルデッキ・正位置と逆位置を採る方法、大アルカナのみ・正位置のみの方法、フルデッキ・正位置のみの方法）について、解説しています。
　これらは実際の占例で、質問者等から掲載許可を頂いたものです。皆様が実践するうえで解釈の参考にしてください。また６章で、占ったことをノートに書き留めることを勧めていますが、その書き方の見本にもなると思います。

　本書に書かれた展開法で必ず占わないといけないわけではありません。展開法はこれだけではありませんから、慣れてきたら他の本にある方法で占ってみるのも良いでしょう。
　上級者になると既成の展開法をアレンジしたり、その場で質問に合った展開法を創り出したりする人が多いようです。これは、勉強するうちに占いが自分のものになり、自由にタロットを使いこなせるようになった結果といえます。

この領域に行くまでには相当の年数を要します。まずは先人の作った展開法でたくさん占って、人生の友として気長に占いと付き合ってみてください。

ワンオラクル

占いの基本といえる、１枚引きから始めてみましょう。

展開法は簡単です。１枚引いてめくるだけです。

ただし、フルデッキ・正位置のみの方法については、大アルカナ１枚を引いたのち、小アルカナを１枚引いた、合計２枚で占っても良いでしょう。

例題 1　大アルカナのみ・正位置と逆位置を採る方法

仕事について、今取り組んでいる案件はうまくいきますか？

＜予想＞

【14 ふたつの壺】逆位置

壺を持った精霊は、質問者と被ります。逆位置に出ていることから、経験豊かであっても一筋縄では行かないことが予測できます。

　キーワードをみると、「不安」とともに、「忍耐力や適応能力の欠如」とあります。質問者が苦手とする、地道な作業を強いられているのかもしれません。集中力が続かなそうなので、気分転換を図りながら進めていくか、思い切って外注するのも方法だと考えられます。

＜その後＞
　3か月後の状況です。質問者によると、この仕事は14か月後に完了するそうで、カード番号14と一致します。占いから得たアドバイスを参考に万全を期したつもりだったが、予想外の事象が起こり、開始早々波乱含みの展開になったそうです。さらに、袋詰めなど地味な作業もあるようで、辟易しているとのこと。作業時間が取れないため、外注に出すことも考えているそうです。

　カードに描かれた精霊は、本来どのような状況でも平然と仕事をこなす天才です。今は調子が悪いだけで、質問者もその精霊のごとく、いままでの経験を生かしてうまく立ち回れることでしょう。

　　フルデッキ・正位置と逆位置を採る方法

　行政からプレミアム付商品券が抽選販売されるそうです。1人
2口まで応募できるため、家族3人（質問者・妻・子ども）、計6
口応募しましたが、何口当たりますか？

＜予想＞

【53 聖剣騎士】正位置

　マサースの解釈を使うと、巧みさや能力、手際の良さを表すた
め、3人分当たるのでは？　しかし、騎士が1本の聖剣を高く持っ
ていることから、1人1口しか当たらないのでは？
　その一方で、ポール・クリスチャンとサン・ジェルマンの解釈
を使うと、大きなダメージを負うことになるので、騎士の持つ1
本の剣から、1口しか当たらないと読むこともできますが……

＜その後＞
　予想通り3人とも当たったが、1人につき1口しか当たらなか
ったそうです。

その後、追加で息子さんの分が当たったそうです。騎士つまり若い男性である息子さんが当たると解釈できますが、追加で当たることはこのカードだけで予想するのは難しいです。

大アルカナのみ・正位置のみの方法

運動会は開催されますか? 予報では台風と出ていますが……

＜予想＞

【8 天秤と聖剣】

　女性の後ろにある扇は日よけにも見えることから、当日は晴れると予想できます。しかし、カードには水の属性である蟹座が描かれており、扇は雨から女神を守る傘にも見えるため、雨とも予測できます。

　彼女の持つ天秤は、ふたつのことが均衡に行われ、聖剣は均衡を破り審判を下す道具です。聖剣は四元素で風を表します。このことから、当日は朝から晴れて開催するものの、午後になると雲行きが怪しくなり、雨が降り出す恐れも。午後の競技は行われな

いと予想しました。

<その後>
　朝から良く晴れ、絵柄のような日よけがないと熱中症になりそうな日差しでしたが、お昼ごろから曇り空に。運動会が終了した３時半まで雨は降ることはなく、雨が降り出したのは日付が変わった夜中からでした。

　カードに蟹座が描かれていることから、午後から雨の予想をしましたが、はずれました。エジプトタロットにおいて、カードに描かれた星座が占いに反映するかといわれると、筆者は微妙な気がするため使っていません。

　しかし、皆様の中には、星座対応が当たるという人もいるかもしれません。感性や感覚は人それぞれで、あなたの感覚はあなただけのものです。いろいろな人に出会って占いをして、上手いと思う人の占い方を学んだりしながら、自分の読み方をつくりあげてください。そのとき、本書が何らかの参考になっていたら、筆者はとてもうれしいです。

例題 4　フルデッキ・正位置のみの方法

最近やる気が起きません。改善策はありますか？

<予想>
　　【21 魔術師の冠】正位置、【33 王笏の7】正位置

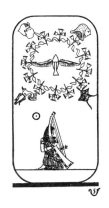 

　小アルカナの解釈は、ポール・クリスチャンとサン・ジェルマンを使います。

　達成を表すカードである【21 魔術師の冠】が出ているので、取り組んでいたことが成功を収めたようです。それは【33 王笏7】の解釈にあるように、成功に必要な要素である優れた知性を持っていたためと推測できます。しかし、一生懸命取り組んだことが終わった今、その反動でやる気が起きないのかもしれません。

　【21 魔術師の冠】は新たなスタートも意味します。小アルカナの7は大アルカナの【7 オシリスの戦車】と対応することから、次の目標はすでに決まっていると推測できます。それに焦点を当

てることで、今の状況を脱することができると考えられます。

　一方、成功のカードが大アルカナと小アルカナの両方に出ていることから、質問者は成功の余韻に浸る一方、成功の文字に苦しめられていたりするのでは？とも推測できます。

　【21 魔術師の冠】は、音楽を奏でる平和な状況が描かれています。音楽を聴いたり演奏したりすると気分転換になりそうですし、小アルカナの7から、ドライブに出かけるとか旅行に行くなどするのも、やる気を取り戻すきっかけになりそうです。

＜その後＞
　仕事が成功して一段落ついたものの、次のスケジュールが決まっているそうで、休む暇がないそうです。しかし、失敗が許されないという無言のプレッシャーが重くのしかかり、前に進むことを躊躇してしまうそうです。

　このままで良いのか？と思うところがあり、筆者へ占いを依頼したところ、カードにあるハープの女性が目に留まったそうです。

　占いはわからないけど、自分の求めていたのはこのような平和な状況なのではないか？ いままで仕事を優先しすぎて忘れていたけど、旅に出たり、好きなことをしてのんびりする時間を作ったりしようと思った、とのことです。

スリーカード

　3枚のカードを使って占いますが、どのような質問にも対応できる、応用力の高い展開法です。

　中央に1枚目を置き、左に2枚目、右に3枚目を置きます。

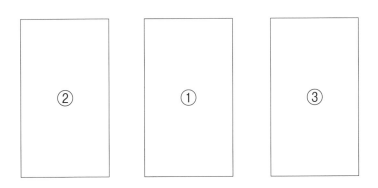

時間の流れを占う

　過去から現在、現在から未来と、時系列に沿って分析するのに適しています。

　①は現在の状況です。
　②は過去の状況です。
　③は未来に起こりうることです。

　3つの状況は独立しているのではなく、過去があるから現在が存在し、現在の在り方を反映したのが未来です。つまり、現在は過去と未来の中間点で、現在を変えることで未来が変わると考えます。

別れた恋人と復縁できますか？

<予想>

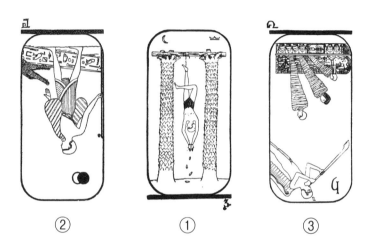

②過去【22 ワニ】逆位置

　正位置ならば別れて自由になりたかったのかもしれませんが、逆位置のため、別れたくて別れたわけではないようです。さらに、過去を見るように向かって左を向いているので、恋人への未練が消えず、恋人のいない現実から逃げたいと思っているようです。

①現在【12 犠牲】正位置

　傷はいまだ癒えず、犠牲を強いられているのかもしれません。中央の人物からお金が落ちているので、もしかしたら過去の恋人と付き合うことは、金銭的にもメリットがあったのかもしれませ

ん。

　傷心や金銭的なことを脇に置いて、いまの気持ちの在り方など
を整理し、ひとりで考えをめぐらす時期だとすると状況が変わり
そう。趣味に浸るとか勉強を始めるのも良いでしょう。

③未来【20 よみがえり】逆位置

　石棺にある３体のミイラは、質問者と別れた恋人とオーバーラ
ップします。しかし逆位置のため、復活つまり復縁は難しいと推
測できます。電話でも SNS でも、連絡したところで相手から返事
はないかもしれません。

　一方、気持ちを変えることで別の未来が待っているとも読めま
す。カード番号は 20 です。約２年後の 20 か月後、現在の心情が
思い出になる頃、新しい恋人が現れると解釈できます。

まとめ

　復縁は難しいかもしれません。恋人のことが忘れられないよう
ですが、愛を連想するカードが出ていないため、相手への気持ち
が愛から来るものではなく、執着に似たものなのかもしれませ
ん。

　古来より、失恋を癒やす特効薬は唯一、時間だけとされていま
す。早く新しい恋をするためにも、時間を味方につけて、恋人が
いる時にはできない、自分だけの時間を楽しんでみてください。

メリットとデメリットを占う

　これから行うことや気になる物事について、メリット（良い面）やデメリット（悪い面）を占う場合に適しています。

　①はアドバイスです。
　②はメリットです。
　③はデメリットです。

例題 6　　フルデッキ・正位置と逆位置を採る方法

　気になっている賃貸物件に引っ越しても良いですか？

＜予想＞

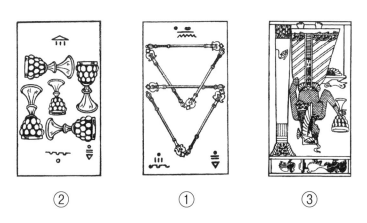

　　②　　　　　　　　①　　　　　　　　③

　すべて小アルカナの逆位置が出ており、①以外は聖杯です。この問題は大きなものではなく、質問者のこの問題への意識も小さくいため感情的なものと読めます。
　小アルカナの解釈はマサースを使います。

①アドバイス【32 王笏6】逆位置

　浮気・裏切り・背信行為を表すカードです。これらから意味を
広げると、いまの物件がまだ契約が長く残っているとか、別の物
件にも興味を持っていると解釈できます。

②メリット【45 聖杯5】逆位置

　到着、予期しない驚き、ニュースを表すカードです。到着とは
目的の場所に着くことですから、以前から気になっていた場所な
のかもしれません。さらに、ニュースというワードから意味を広
げると、たまたま目にした広告だと解釈できます。

③デメリット【38 聖杯女王】逆位置

　地位は高いが邪魔をしてくる信用できない女性や、成功するが
トラブルがつきまとうことを表すカードです。これらから意味を
広げると、気に入った物件に住めるけれど、狭いとか家賃が高い
など我慢を強いられそうだと解釈できます。

まとめ

　引っ越しはしない方がいいでしょう。以前から憧れてはいるも
のの、実際に住むと苦労が多そう。そもそも質問者は、引っ越す
つもりがないようですから、無理にする必要はないでしょう。

どちらが良いか占う

　ふたつのうち、どちらを選んだら良いかを占う場合に適しています。占う前に、2つの選択肢をそれぞれ②と③に割り振っておきます。

　①はアドバイスです。
　②は選択肢②を選んだ結果です。
　③は選択肢③を選んだ結果です。

例題 7　大アルカナのみ・正位置のみの方法

　友達との食事はA店②とB店③のどちらが良いですか？

＜予想＞

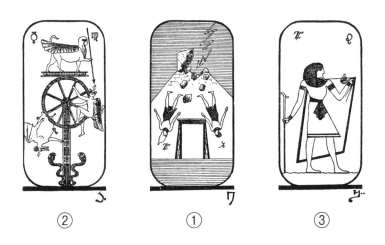

②　　　　　　　　①　　　　　　　　③

全体をみると、重いカードが２枚出ており、①と②には大きな運命の変動があることを示しています。

①アドバイス【16 雷に打たれたピラミッド】
　計画の変更を表すカードです。ふたりの男性が落下していますが、これは左右にあるＡ店とＢ店の状況を示しているのかもしれません。何らかの理由で両店とも行くことができない、あるいは料理や雰囲気が思っていたものと異なるのかもしれません。

②Ａ店を選んだ場合【10 スフィンクス】
　運命の輪が動き出すカードです。吉か凶か、どちらに転ぶかは隣のカード次第。右を見ると、【16 雷に打たれたピラミッド】です。状況が良いとは言えないので、運命の輪は質問者の味方にならないようですし、選んだとしても期待外れかもしれません。

③Ｂ店を選んだ場合【9 隠されたランプ】
　思慮深さを表すカードです。描かれている人物も高齢、つまりお金とステイタスを持っていることから、この店は値段が高いといった、敷居が高い店なのかもしれません。

まとめ
　どちらもおすすめではないようです。Ｂ店は高級店のようですので、Ａ店とは違い失望することはなさそうです。どちらかと言えばＢ店が良いかもしれませんが、予約したところでお店に行けない可能性も……

＜その後＞

　新型コロナウイルスの影響で出た緊急事態宣言のため、どちらの店にも行くことはできませんでした。ほどなく、どちらも閉店してしまいました。

YESかNOかを占う

　これから行うことについて、YES（行う場合）と、NO（行わない場合）で、それぞれどうなるかを占うのに最適な方法です。

　①はアドバイスです。

　②はYESの結果です。

　③はNOの結果です。

例題 8 　フルデッキ・正位置のみの方法

　先日初めて交渉した会社から、仕事を受注して大丈夫ですか？

＜予想＞

② 　　　　　① 　　　　　③

全体をみると、【15 ティフォン】以外は積極的な姿の男性が描かれており、小アルカナはそれぞれ硬貨です。この仕事は金銭的なことがモチベーションに影響を与えているのかもしれません。

小アルカナの解釈はマサースを使います。

①アドバイス【1 魔術師】【76 硬貨8】

机の上にある道具を使って奇跡を起こそうとしている魔術師を質問者とすると、この仕事に挑戦しようという気持ちが強いことを表しています。

大アルカナはポジティブなカードなので、小アルカナのポジティブの意味をみると、率直や純潔とあります。初めて仕事をする会社ということもあり、その会社のやり方など知らないことが多いのかもしれません。初心に帰って謙虚さを忘れないことが、うまく仕事をするコツのようです。

②YES【15 ティフォン】【55 聖剣1】

大アルカナには大災害を起こす精霊が描かれているので、この仕事を受けたところで地獄が待っているのかもしれません。

大アルカナはネガティブなカードなので、小アルカナのネガティブの意味をみると、きまりの悪さ、愚かで希望がない愛、障害物とあります。過酷だったり、自分とは合わなかったりするようで、受注したことをすぐに後悔しそうです。しかし、大アルカナに描かれている鎖を付けた人物のように、契約を切りたくても切ることができないかもしれません。

③NO【7 オシリスの戦車】【70 硬貨2】

大アルカナは勝利へと進もうとする戦車が描かれていますか

ら、仕事を受けないことが勝利へと導くと解釈できます。

　大アルカナはポジティブなカードなので、小アルカナのポジティブの意味をみると、困惑・心配・困難とあります。仕事を受けないことで収入の心配が生じるかもしれません。

まとめ

　仕事を受けたところで後悔しそうなので、やる気があっても受けないほうが良さそうです。また、①と③に出ている小アルカナはどちらも硬貨なので、カードからのアドバイスも NO を示しています。仕事を受けないことで収入を見込めなくなりますが、質問者はバイタリティーあふれる魔術師です。持っているアイデアをオシリスの戦車のごとく前進させることで、別の仕事を得ることができそうです。

＜その後＞

　受注することで仕事の幅が広がると喜んだものの、別の仕事のオファーが来たため断ったそうです。報酬が良いので飛びついた仲間もいるようですが、条件が当初と違うようで苦しんでいるとのこと。「受けていたら自分がそうなっていたかも」と言っていました。

ダイヤモンドクロス展開法

　片思いや恋人といった恋の悩みはもちろんのこと、友達や上司との関係など、相手と自分の気持ち、そして今後の行方を占うのに最適な方法です。

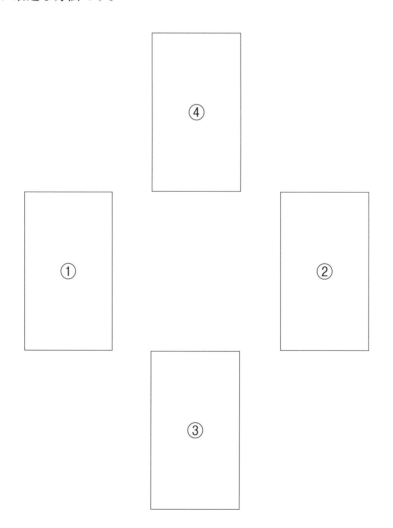

①は質問者の気持ちです。

②は相手の気持ちです。

③はふたりの状況です。

④はふたりの行方です。

①〜④はそれぞれ単独で意味を成しているだけでなく、①→②→③→④というように連鎖し、影響を与えています。

また、③④は、①と②をつなぐ重要な役目を果たしており、①は③④に、②も③④に影響を与えています。

すべてを見渡し、カード同士がどのように関連しているかを理解することが解釈のコツです。

質問者は 20 代の女性。

SNS で意気投合した男性から食事に誘われています。相手に好意を抱いているものの、2 人だけで会うのはちょっと怖いです。この男性と会っても大丈夫ですか？会ったらどのような展開になりますか？

＜予想＞

④

①

②

③

全体をみると、④以外はすべて正位置が出ています。④は、はっきりしない状況を示すカードですから、先行きは明るくなさそうだと予見できます。

①質問者の気持ち【14　ふたつの壺】
　壺を器用に操る精霊が描かれています。壺から壺にこぼすことなく水を移す姿は安定性を感じさせることから、相手と会ったなら、想像通りの誠実な人物だと思いそう。相手との時間を無難に楽しめそうですが、恋の刺激はないかもしれません。

②相手の気持ち【16　雷に打たれたピラミッド】
　予期しない出来事を表すカードですから、相手が質問者に対して抱いていたイメージと、実際の雰囲気や会話の相性などが大きく異なりそうです。ピラミッドから人が落下するかのように、相手はかなり落胆するかもしれません。別の言い方をすれば、質問者に対して期待しすぎていたと考えられます。

③ふたりの状況【4　立方石】
　描かれている男性を、相手の男性と重ねることができます。王のごとく相手の男性は主導権を握ると読めるため、相手から会うことを提案されていることを示しているかのようです。実際に会ったときも男性が主導権を握り、お茶を飲む場所や会話の内容など、相手のペースで物事が進んでいきそう。相手は質問者よりも年上だったり、言動が上から目線だったりするかもしれません。しかし、カードが正位置で出ているので紳士的に対応しそうですし、質問者は【14　ふたつの壺】のように、無難に相手に合わせら

れそうです。

④ふたりの行方【18 たそがれ】逆位置
　描かれているのが混沌とした状況であり、曖昧さや嘘・不誠実
な意味を連想させることから、ふたりの関係も曖昧になりそうで
す。和やかな雰囲気だったとしても、①〜③で示したように、お
互いに微妙な空気が漂うせいか、次に会うことはなさそう。会っ
たあと、SNSでいままでのように交流があるか？となると、曖昧
な関係を意味するカードですから、いままでよりは頻度が落ちそ
う。お互い積極的にやりとりをする気にはなれないと予見できま
す。

まとめ
　犯罪や危険な状況になるといった心配はなさそうです。
　相手が落胆することを示唆していますが、原因は質問者の側に
ありそうです。すなわち①に出ている、壺の水を入れ替える動作
です。四元素のひとつ・水は愛や感情を意味することから、質問
者が感情を表すことなく無難に接するだけで、心を明かさないこ
とがあるのかもしれません。

　4枚中3枚が正位置、しかもそれらは会ったときの気持ちや状
況を表す①〜③に出ています。逆位置は会ったあとの未来を表す
④にだけに出ていることから、会わないほうが今後も仲良く交流
を続けられるのかもしれません。
　しかし、【4 立方石】のカード解説にある、影響力を持つ人物
を探し出すかのように、相手は質問者に会おうと度々言ってきそ
うなので、いずれは会うことになるかもしれません。

ちょっと強引ですが、会わない場合の未来も④に表れていると読めば、将来的には気まずい雰囲気になりそうです。

　つまり、会っても会わなくても、将来的には相手と疎遠になりそうですし、会うかどうかで未来が変わることはなさそうです。移り変わりが速いSNSの世界ですから、気が進まないなら相手に無理して会わないで、いまだけの友達と割り切って交流するのが良いかもしれません。

＜その後＞
　しつこく相手から会おうと言われたが、忙しかったこともあり、相手の連絡を無視し続けていたら、メールが来なくなったそうです。ちょっと寂しいけど、これで良かったと思っているとのことです。

例題 10　フルデッキ・正位置と逆位置を採る方法

　仕事の上司と相性が合わないようで、質問しても無視されたり、少しでもミスをすればきつく言われたりするので困っています。上司とは今後、どうなるでしょうか？ 良くなる方法があるならそれも知りたいです。

＜予想＞

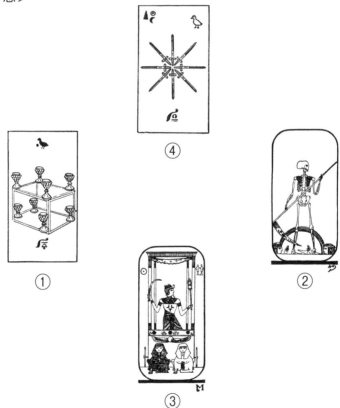

188

全体を見ると、①と④に8の小アルカナが出ているため、何らかのバランスが欠けていると考えられます。②と③には大アルカナが出ていますが、どちらも平穏ではなく、ものものしい雰囲気が漂っています。

　小アルカナの解釈はマサースを使います。

①質問者の気持ち【48 聖杯8】

　品行方正な少女・友情・優しさを表すカードです。質問者は冷たくされても反発することなく、友好的に接しているのが分かります。

②相手の気持ち【13 骸骨姿の死神】

　鎌を手にした死神は上司を、下に描かれた首のどちらかは質問者を連想させます。質問者に対して、敵意を強く持っていることが想像できます。しかし、死神の背後には虹が見えることから、上司にとって質問者にきつく当たることはハラスメントではなく、質問者を変えるために必要なことだと思っているのかもしれません。

③ふたりの状況【7 オシリスの戦車】

　戦車に乗っている王は上司を、戦車を引くスフィンクスのどちらかは質問者を連想させます。上司が進めと言えば進み、止まれと言えば躊躇することなく質問者は止まるようです。それは、質問者が上司を信頼しているからこそと言えますが、②を考えると仕方なく従っているとも読めます。

④ふたりの行方【62 聖剣8】

　病気・悪口・非難を表すカードです。いままではなんとかついていけても、近い未来にはお互い疲れてしまいそう。精神的に参ってしまい、体調を崩すかもしれません。

まとめ

　②と③はひとりの下にふたりいるという、同じような構図です。質問者のほかにもパワハラに悩む人が、少なくともひとりはいるのかもしれません。質問者もその人も上司を慕っているのに、上司がそれを無視して冷たく当たるのは、②で示されているように上司が間違った態度を取っているせいかもしれません。また、【13 骸骨姿の死神】は、予期せぬ変化や根本的な変革を意味するカードですから、質問者が他部署へ行ったり会社を辞めたりすることを、上司が狙っているとも考えられます。

　このままでは④が示すように、質問者が病気になる可能性がありそうです。だからと言って、辞めるとか部署移動をしては、上司の思う壺ですから、避けるのが賢明です。

　ではどうしたら良いか？　対策を占うために一枚引いてみることにします。残った束の上から1枚引いたところ、【41 聖杯1】が出ました。ごちそう・祝宴・上機嫌を表すカードです。おいしいものを食べることが気力回復になりそうです。

　カードの意味を広げると、同じテーブルで有意義な話をすることも表します。改まった席で話をする機会がありそうなので、そこで良い進展が期待できそうだと解釈できます。

　とはいえ、このような相手とは距離を取るのが良法なので、無

理に相手に媚びないことが賢明ではありますが……

＜その後＞
　占いから2か月後、ボーナス査定の面談があったそうで、上司だけでなく、上席の役員も同席していたそうです。役員は質問者の仕事ぶりを見ていたようで、上司に意見してくれたおかげで、去年よりもボーナスが上がったそうです。

　さらに半年後、上司が病気になり、しばらく休むことになったそうです。小アルカナの8が①と④に出ているので、質問者が病気になるかと思っていたのですが、質問者は病気にはなっていないものの、精神的に参っているそうです。

　アドバイスに従い、週末は頑張ったご褒美に、贅沢なものを食べるようにしているそうです。それまで、お金のこともあり自分のご褒美など考えたことがなかったけれど、習慣にすることで、次は何を食べようかと考える楽しみができ、気分がまぎれるようになったそうです。

　話に出てきた「2か月後」はすなわち8週間後、「さらに半年後」は2か月プラス半年で8か月後です。小アルカナの8の数字とリンクする現実に、筆者はあらためて感心するばかりでした。

例題 11　大アルカナのみ・正位置のみの方法

質問者は 30 代男性。

マッチングアプリで、20 代前半の女性に出会いました。何度か
デートをしているので、そろそろ深い関係になりたいけれど、相
手がどう思っているのか分かりません。恋人同士になって、深い
関係に進むことはできますか？

＜予想＞

①

④

②

③

全体を見ると、男性のカードが２枚（②④）、女性のカードが１枚（①）のため男性が優勢にみえますが、③は男性を挟んで女性が描かれていることから、③がこの占いの鍵を握っていると考えられます。

①質問者の気持ち【2 超自然の聖域への扉】
　質問者は、神殿でひとり待つ女神イシスと重ねることができます。自分の気持ちを隠しながら交際しているのかもしれません。一方、イシスを相手とすると、相手が本心を隠しており気持ちが分からないばかりに、質問者も気持ちを隠しているとも読めます。

②相手の気持ち【1 魔術師】
　相手を魔術師と重ねることができます。質問者といるとクリエイティブな能力が発揮されて楽しいようですし、交際に対しても積極的なようですから、質問者といろいろなことをしてみたいと思っているようです。

③ふたりの状況【6 ふたつの道】
　中央にいる男性は、質問者と相手、どちらにも姿を重ねることができます。質問者も相手も、同じように迷いを抱えているよう。それは、このままで終わりにするか、それとも深い関係になるか、ふたつの道の岐路に立ち、迷っているようです。

④ふたりの行方【4 立方石】

希望を実現するためには、影響力を持つ人物を探し出す必要があることを示すカードです。描かれている王は男性ですから、質問者と姿を重ねるのが無難でしょう。深い関係に進むためには、質問者がその役を担うことが求められていると解釈できます。

まとめ
　デートでお互い盛り上がったとしても、相手の本心が分からないため、不安になるそうです。質問者は前に進むことに慎重になっているようですが、相手の気持ちは【1 魔術師】、すなわち男性である質問者にイニシアチブを取って欲しいと思っており、④でもそのことを示唆しています。

　出ているカードの数字を見ると1・2・4・6となり、3と5が欠けています。すなわち、既婚の女性を表す【3 イシスウラニア】と、結婚を表す【5 アルカナの権力者】です。これらのカードが出ていないため、結婚の可能性は今時点では低いようです。

　しかし、恋は育てるものですから、質問者が相手に対して、自分の気持ちを隠すことなくさらけ出すことで深い関係に発展していき、結婚が見えてくることも十分考えられます。

＜その後＞
　質問者は30代半ばということもあり、結婚を強く意識しているそうです。しかし、過去に結婚を約束していた女性に逃げられたことがあるせいで、恋に慎重になっているそうです。このままではいけないと動いたものの、相手が若いせいもあり、かわいい飲み物やおしゃれな盛り付けを見てはしゃぐように喜び、その姿

を見ると気おくれしてしまうとのことです。

　今、交際の岐路に立っていて、自分がその鍵を握っているのは分かっていたけれど、じっくり考えてみますとのことです。

　それから数か月後、質問者は思うところがあり、相手との関係を進めることができなかったようです。相手は恋愛経験が少ないと言っていたけれど、それがどうしても信じられず、気持ちが覚めてしまったそうです。

　①でプラトニックな恋愛を示すカードである【2 超自然の聖域への扉】が出ているので、質問者は処女性を強く求めていたのかもしれません。【4 立方石】の王のごとく、それを気にしない大人の包容力を見せることで、事態は変わっていたのかもしれません。

　相手は口が巧みなのは、②が示していることなので、アドバイスできたかもしれません。しかし、そのような悪いことなどみじんも思わず、見通せなかったのは筆者のミスと言えます。

　一方、③において、上方に描かれた精霊は、向かって右側の女性に矢を向けています。積極的にアプローチする右側の女性に相手を重ねると、質問者の心に住まう精霊がその女性に向けて矢を放ち、別れを選んだと読めます。

　別れが見えていても、うまくいく可能性を探るのが占いの役目です。もっと良いアドバイスをしていれば状況は変わっていたと思うと、解釈をどのように取り、伝えるかは、占いをする上で一生勉強していくことかもしれません。

　仕事を頼もうと仕事仲間にメールを出しました。いつもなら次の日にはくれるのに、1週間も返事がないのはおかしいです。今日メールを再送しましたが、相手から返事は来ますか？

＜予想＞

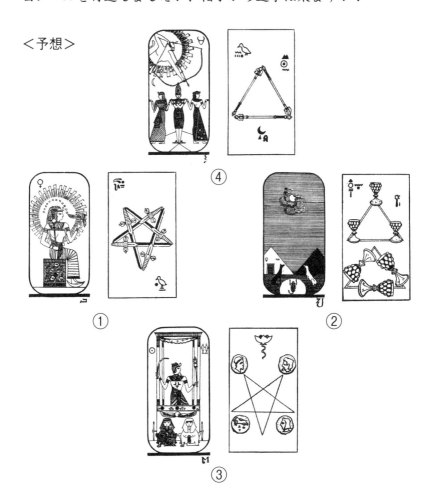

大アルカナをみると、①以外は１対２となる構図（②は月や蠍に対して二匹の犬）です。また、すべてのカードに動物あるいは精霊が描かれていますが、④のみ精霊が天上にいます。

　つまり、①の精霊が、②では座る犬に、③では戦車を引くスフィンクスとなり動き出したものの、④では人間に姿を変えたのか、あるいは天の精霊になったのか、いずれにしても最後は選択を迫られそうです。

　小アルカナの解釈は、ポール・クリスチャンとサン・ジェルマンを使います。

①質問者の気持ち【３　イシスウラニア】【59 聖剣５】
　【３　イシスウラニア】は、自信があるかのように太陽が輝き、魂の分身ともされる鳥と会話しています。

　【59 聖剣５】は、復讐をするといった狂気じみた考えを持つ、とあります。

　合わせて解釈すると、質問者は返事が来ることに自信があるものの、精神的には余裕がないようで、連絡が来ないことにやきもきするだけならいいですが、相手を攻撃するような暗い考えを持ちそうだ、と読めます。

②相手の気持ち【18 たそがれ】【46 聖杯６】
　【18 たそがれ】は、はっきりしない状況が描かれています。

　【46 聖杯６】は、気の迷いで間違った選択をする、とあります。合わせて解釈すると、相手にメールが届いているものの、気が進まない内容だったために返信を放置している、と読めます。

③ふたりの状況【7 オシリスの戦車】【72 硬貨4】
　【7 オシリスの戦車】は、勝利やスピード感を表すカードです。
　【72 硬貨4】は、多額の財産が得られる、とあります。
　合わせて解釈すると、まもなく返事が来て相手は仕事を受けて
くれる、と読めます。
　その時間は、大アルカナと小アルカナの数字である4か7、ま
たはふたつを足した11が鍵になります。4時か7時か11時、あ
るいは、4時間後か7時間後か11時間後と推測できます。

　質問は返事の有無だけですが、カードにはその返事の内容も描
かれているものです。大アルカナも小アルカナも成功を意味しま
すから、仕事を受けてくれると解釈できます。

④ふたりの行方【6 ふたつの道】【29 王笏3】
　【6 ふたつの道】は、岐路に立つ姿が描かれています。中央に
いる男性は、質問者と重ねることができ、左右の女性は、相手と
もうひとり別の人を示しているのかもしれません。
　【29 王笏3】は、独創的な才能に恵まれる、とあります。
　合わせて解釈すると、希望を叶えるために、質問者はいろいろ
と試みることが求められているようです。しかし、迷いが生じる
カードですから、メールが届いて相手と仕事の話をしている最中
も、「これでいいのか？」と悩むかもしれません。

まとめ
　連絡はまもなく来そうです。良い返事が聞けても、のちのちう
まくいかないようで、相手と仕事をするのを迷うかもしれませ
ん。④において、中央にいる男性を相手とすると、メールを受け

たものの迷いが生じると解釈できます。そうすると、ここでも②は気の進まない内容だったために返信しなかった、と読めます。

④において、相手を頼りながらも心の中では別の人に頼むか悩んでいるのかもしれません。天上の精霊は、向かって左にいる付き合いの長い人を選べと言っていますから、質問に登場する相手のほうが長いなら、迷わずその人を選ぶのが吉です。逆に、別の人のほうが長いならそちらを選べばいいですが、その場合はそもそも質問に登場する相手に連絡してはないでしょう。

仕事を引き受けてもらったならば、やはり別の人のほうが良かったなんて思わないように、質問者は相手への連絡を密にしてサポートするのがベストです。

＜その後＞
質問者は、実は筆者です。
筆者はエジプト雑貨店も経営していますが、その買い付けのため、何人かいるエジプト人バイヤーの中から付き合いの長い相手に、今回の仕事を頼むことにしました。
相手はそのジャンルが苦手なことは筆者も分かっていました。それが得意なバイヤーは、納期が遅いなどの理由で躊躇するところがあったため、付き合いの長いバイヤーに仕事を依頼したものの、希望の商品を本当に納品してくれるのか心配でした。
メールを出したのはお昼前の11時30分でしたが、返事が来たのは12時間後の夜11時過ぎでした。エジプトとは7時間の時差があるため、現地は午後4時です。4・7・11の数字がぴたりと当てはまったことに、夜中にも関わらず「えー!?」と叫んだほど

です。

　バイヤー歴 40 年以上のベテランである彼は、私が指定した商品が売れるとは思っておらず、仕事を一応受けてくれたものの乗り気ではありませんでした。しかし、メールで説明して場所などを示すうちにやる気になり、無事に日本に商品を送ってくれました。

クロス展開法

　22枚の大アルカナだけを使い、正位置のみで占う方法です。日本では使う人が少ないようですが、フランスを中心にヨーロッパにおいて、この展開法は一般的なようです。シンプルですがどのような問題にも対応でき、的確な答えが出るので、筆者もこの方法をよく用いています。

　5枚のカードを使いますが、①〜④で出たカード番号の合計で5枚目が決まります。なお、【22 ワニ】は0として計算します。合計の数字と⑤の大アルカナの対応は以下です。

・合計が21以下の場合、その数字が⑤のカードを表します。
・合計が22の場合、【22 ワニ】が⑤のカードを表します。
・合計が23以上の場合は以下のうち、好きな方法で決めます。
　　（1）合計の数字の十の位と一の位を足した数字。
　　（2）合計の数字から22を引いて出た数字。

　展開の意味は以下のとおりです。
　①は肯定で、質問を賛成する場合の状況を表します。
　②は否定で、質問を反対する場合の状況を表します。
　③は議論で、質問において議論すべき点を表します。
　④は解決で、質問の結果を表します。
　⑤は総括で、この質問のまとめを表します。

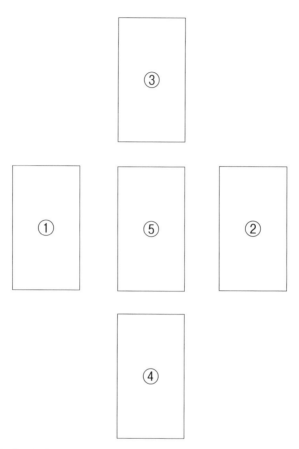

　カードをポジティブ、ネガティブのどちらで観るか迷った場合、①はポジティブ、②③はネガティブ、④⑤は絵柄がポジティブなものならならポジティブ、ネガティブであればネガティブで観るようにします。

　⑤はまとめを表すカードとして、すべてのカードに関係します。①と②だけでなく、③と④をつなぐのも⑤です。④はこの占いの結果に該当するものですが、⑤がそのための解決策やアドバイスを握っているため、2枚をまとめて観るのが適切です。

例題 13　マンションを購入しようと銀行にローンを申し込みました。審査は通るでしょうか?

＜予想＞

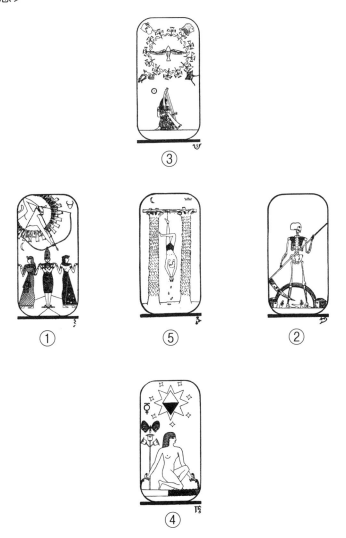

①～④が出たところで、⑤を求めます。
22 を超えたら（１）の方法で出すことにします。

$$6 + 13 + 21 + 17 = 57 \quad \rightarrow \quad 5 + 7 = 12$$

⑤は【12 犠牲】です。この問題は、苦しい展開が予想されそうです。

①肯定【6 ふたつの道】
　この質問において肯定とは、思い通りに借りられること、と考えます。
　絵の通り、質問者は２つの道の真ん中で迷っているのかもしれません。銀行を決めたものの、別の銀行のほうが良かったかもしれないなどと思っているのかも。あるいは、借りられないことを想定して、別の道をいまから案じているのかもしれません。
　いずれにしても、中央にいる男性のように自分では決めることができないので、天にいる精霊に身を委ねるように、審査の結果を粛々と待っているようです。

②否定【13 骸骨姿の死神】
　この質問において否定とは、借りられないこと、と考えます。
　鎌を持つ死神が質問者とすると、身包みはがされるどころか骨だけの姿ですし、持てる資産を土の中から探しても、死体など使いようないものしか出てきません。質問者はもともとローンが通る条件を備えていないため、融資の申し込みは無謀だということを表しているのかもしれません。

あるいは、この死神を銀行とすると、土から首だけ出ている2人のうち、どちらかが質問者とすることもできます。死神つまり銀行に、無残にも融資を断られることを表しているのかもしれません。

　いずれにしても、背後に虹が出ていることから、銀行の審査は通らなくても未来は明るいようです。この銀行はダメでも、別の銀行で審査が通るのかもしれません。①において、別の銀行や方法に未練があった質問者も、死神に現実をまざまざと見せつけられ、道が決まるのかもしれません。

③議論【21 魔術師の冠】

　【21 魔術師の冠】は、【22 ワニ】を除けば1から始まったアルカナの最後となるカードです。夢にまで見た至高の世界が待っているものの、そこに到達するためには、今は力が不足していることを示しているようです。

④解決【17 魔術師の星】

　願いが叶うことを表すカードですから、審査に合格できると考えられます。しかし、質問者を裸の女性とすると、夢の実現にはすべてをさらけ出す必要がある、つまり頭金などをもっと工面する必要があるのかもしれません。

　壺から流れる水をお金とすると、水はいくら流しても尽きないことから、長い年月をかけてローンを支払うことになりそうです。

　しかし、絵柄はとても良い環境を示していることから、条件の良い場所（物件）のようです。そのためには、お金をつぎ込まないといけないのは仕方がないのかもしれません。

⑤総括【12 犠牲】

　吊るされている男性を質問者とすると、自由が利かずに苦しい思いを強いられる、つまり、審査に合格したところで毎月の返済に苦しめられると考えられます。カードにはお金が落ちている様子が描かれていることから、お金に困って追い詰められる恐れもありそうです。注意したほうが良いでしょう。

まとめ

　横のラインである①⑤②は、この銀行がダメでも別の道があることを示しています。そもそも、質問者はこの銀行で借りられると思っていなかったのかもしれません。

　①②は、③④からも影響を受けていますが、それを強く示唆しています。

　縦のラインである③⑤④は、この銀行でも別の銀行でも、借りるための条件をクリアしていないようで、頭金をもっと入れることなどが条件となるかもしれません。親に借りる方法もありますが、5枚のなかに、母親を表す【3 イシスウラニア】や父親を表す【4 立方石】【5 アルカナの権力者】といったカードが出ていないため、難しいかもしれません。

　以上のことをまとめると、次のようになります。

　マンションはこれ以上ない物件のようですが、その分、資金調達のハードルも高くなり、思うようにいかないかもしれません。この銀行の審査は通らず、別の銀行で借りることができそうですが、頭金の増額など条件を出されるかもしれません。

無事に念願のマンションが手に入っても、金銭的な余裕がなくなりそうなので、手放しに喜べないかもしれません。これからの生活・家計も考慮し、見直したほうが良いかもしれません。

＜その後＞

　審査結果が出るのは15日と言われたそうです。しかし、筆者は⑤で出たカード番号の12が引っかかっていたため、どうして12なのか？ 何が12なのか？と疑問に思っていたところ、12日の昼頃に審査の結果が出て、融資を断られたそうです。

　その後、別の銀行へ融資を申し込んだところ、頭金の増額を条件に融資してもらえることになったそうです。貯金を全部はたくことになりますが、無事に頭金を用意して審査合格。念願のマンションが手に入ったそうです。

例題 14 会社から、引っ越しを伴う転勤辞令が出ました。妻が持病を持っているため、連れていけるか心配です。一緒に転勤先へ行くことはできますか？ また、気をつけることはありますか？

＜予想＞

①〜④が出たところで、⑤を求めます。

22を超えたら（2）の減算する方法で出すことにします。

$$8 + 21 + 4 + 0 = 33 \quad \rightarrow \quad 33 - 22 = 11$$

⑤は【11 飼いならされたライオン】です。奥様はライオンを手なずけるほどなので、病気の心配はなさそうですが……

①肯定【8 天秤と聖剣】

　この質問において肯定とは、奥様も一緒に行くこと、と考えます。

　描かれている女性を奥様とすると、病気のことや慣れない土地に住むこともあり、警戒しているのかもしれません。また、彼女の周囲にいる精霊やライオンたちは質問者や医師の化身と考えると、不安な奥様をしっかり守るかのようです。

　しかし、描かれている天秤のごとく均衡を保つためには、専門家からのアドバイスが欠かせないため、病院へ行くことが多くなるかもしれません。

②否定【21 魔術師の冠】

　この質問において否定とは、奥様を連れて行かずに単身赴任すること、と考えます。

　ハープを奏でる女性を奥様とすると、奥様がひとりぼっちになることを表しているようです。しかし、ポジティブな絵柄ですから、趣味を楽しむなど、ひとりの時間を満喫しそう。体調もいままでより良くなるかもしれません。

③議論【4 立方石】

　立方石に座る王は、父親や上司、医師と考えられます。いずれにしても、経験豊かな人物が転勤の鍵を握っているようで、助言もしてくれそうです。

　一方、質問者を王とすると、この経験を通じて力量を試されているとも読めます。それは仕事面にとどまらず、人間として成長し得るチャンスともいえそうです。

④解決【22 ワニ】

　ワニは危険を知らせる使者です。奥様も一緒に赴任することは、浅はかで無謀なことを知らせているのかもしれません。

　また、倒れたオベリスクは、質問者の前に大きな問題があることを表しているのかもしれません。それを克服しないことには、仕事もなにも中途半端になりそうです。問題とは、引っ越しやその手続き、あるいは病気のことだと思われます。

⑤総括【11 飼いならされたライオン】

　描かれている女性を奥様とすると、手強い相手と心を通わせることが求められていると読めます。その相手とは、質問者や病気、あるいは新しく現れる人物かもしれません。

　反対に、絵の女性を質問者としても同じで、手強い相手と心を通わせることが求められているようです。

まとめ

　横のラインである①⑤②をみると、いずれのカードも女性が描かれています。中央の⑤に描かれている女性は①と②の魂を持っていると観ると、専門的な知識を持ちつつ、広い視野で物事を捉

えることができ、大きな包容力を備えていると考えられます。

　さらに、①⑤にはライオンが描かれており、⑤のライオンは、①の魂を持っていると考えられます。ライオンはただ甘えているだけでなく、専門的な知識も持った上で、公の場では女性を守ると考えられます。そうすると、ライオンは質問者と考えるのがベターでしょう。奥様を守りながらも奥様に甘えていると読めます。

　縦のライン③⑤④を見てみましょう。⑤以外は男性のカードですが、③は完成された男性、④は中途半端な男性が描かれており、その間にいる⑤は両者をうまく中和している、あるいはせざるを得ない、と考えられます。その鍵を握るのは女性、つまり奥様のようです。

　質問者が単身で行くことは考えにくく、奥様を連れて行くと予想できます。

　以上のことをまとめると、次のようになります。

　一緒に行くことはできますが、奥様が見知らぬ場所で不安なようですし、病状が悪化するかもしれないため、周りのサポートは欠かせないようです。連れていくなら先に質問者が行き、環境を整えてからのほうが良いかもしれません。

　質問者だけが赴任する場合は、奥様は今よりも気ままになれそうですし、体調悪化の心配もなさそうです。質問者も、単身赴任のほうが気ままに過ごせそうですから、こちらのほうが良いかもしれません。

＜その後＞

　結局、質問者は奥様と一緒に行くことを選びました。占いから半年経ちますが、奥様の体調は以前よりも不安定になったそうで、一緒に病院へ行くなどしているそうです。新しい土地に慣れるために奥様はアルバイトを始めたものの、ほどなく辞めてしまったそうです。

　質問者も奥様も、以前より太ったそうです。慣れない職場や環境で参っていることもありますが、実は質問者は、資格試験を受けるもなかなか合格できないため、歯がゆい思いをしているそうです。

　④で示された大きな問題はまさにそのことで、試験が強いストレスになっており、【22 ワニ】の男性のように逃げられたらいいと思っているそうです。しかし、逃げたところでワニが口を開けて待っているだけですから、大人しく向かっていくのが賢明といえそうです。

ピラミッド展開法

　21枚を使ってピラミッド状に展開していくスプレッドです。最下段に左から右に6枚置いたのち、2段目は5枚、3段目は4枚、4段目は3枚、5段目は2枚、最上段である6段目は1枚置きます。

　底辺となる最下段の枚数を減らせば、小さなピラミッドが完成しますし、枚数を増やせば大きなピラミッドになります。
　大小アルカナをあわせた78枚フルデッキを使う場合、最下段を12枚とした12段のピラミッドになりますが、なかなか展開できる広い場所がないかもしれません。

　この展開法は、今後の流れを詳細に見ていくのに適しており、最下段の一番左に置いた①から順番に読んでいき、最上段の1枚は最終結果です。隣のカードと合わせて、言葉をつなげていくように読むのがポイントです。

　と言われても、どのように読んだら良いか？　どこで区切って読んだら良いのか？　迷うことでしょう。その場合、各段を該当期間の運勢として読んでいくと良いでしょう。21枚の場合は6段できるので、6週間や6か月間の運勢として観ていきます。

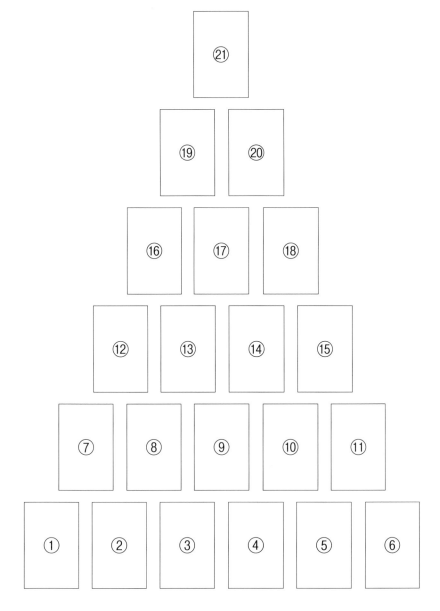

例題 15　フルデッキ・正位置と逆位置を採る方法

　中学生の息子が、半年前から学校へ行かなくなりました。地元の公立へ通っていますが、気が合わない子と同じクラスなのと、私立中学の受験を失敗したという劣等感が原因のようです。

　無理矢理行かせても頭が痛いなどと言って帰ってくるため、様子を見ることにしましたが、勉強が遅れることや将来が心配です。とりあえず、今後 6 週間の状況を占って欲しいです。

　小アルカナの解釈はマサースを使います。

＜予想＞

　大アルカナは 4 枚しか出ておらず、最終結果である㉑【44 聖杯 4】は、ポジティブな意味を持たないため、この問題は 6 週間では解決できず、長期戦になるかもしれません。

　また、最初の 3 枚は聖剣が出ています。彼は強い意志と考えを持って学校へ行っていないことが分かります。無理に行かせたところでうまくいくことはなさそうです。

1 週間後

　混乱（①【57 聖剣 3】逆位置）や、きまりの悪い（②【55 聖剣 1】逆位置）事態が起こりそう。旅行つまり現実逃避するも（③【60 聖剣 6】）、年上の男性である父親や先生などに見つかり（④【65 硬貨王】逆位置）、怒られるかもしれません（⑤【16 雷に打たれたピラミッド】）。何らかの選択をすることになりそうですが、決めたところで悩みそうです（⑥【6 ふたつの道】逆位置）。

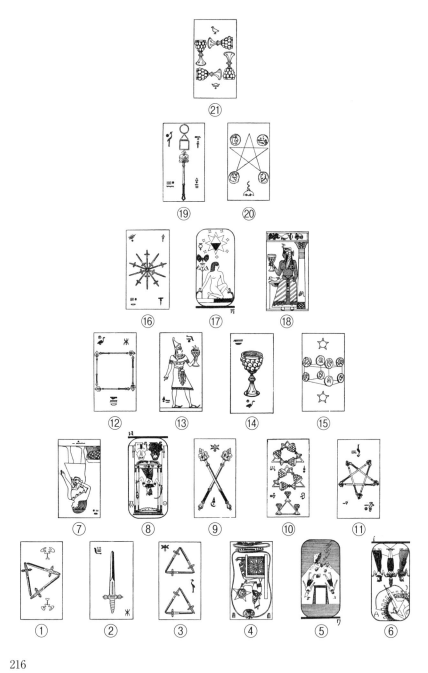

２週間後

　欺こうとズルをしても（⑦【40 聖杯小姓】逆位置）、詰めが甘いために失敗しそう（⑧【7 オシリスの戦車】逆位置）。しかし、運が良いことに（⑨【28 王笏2】）、法的に間違っていることを指摘されそうです（⑩【49 聖杯9】逆位置・⑪【31 王笏5】逆位置）。

３週間後

　寛容で親切な男性と良い関係が結べそう（⑫【30 王笏4】・⑬【37 聖杯王】）。心が打ち解け会話も弾み（⑭【41 聖杯1】）、率直な意見が言えそうです（⑮【76 硬貨8】）。

４週間後

　苦悩の中から（⑯【64 聖剣10】）、素晴らしいアイデアが浮かびそう（⑰【17 魔術師の星】）。息子さんに救いの手を差し伸べる、道徳的にも優れた女性が現れるかもしれません（⑱【38 聖杯女王】）。

５週間後

　新しい道が生まれたものの（⑲【27 王笏1】）、障害が起こるかもしれません（⑳【72 硬貨4】逆位置）。

６週間後

　新しい環境に落ち着いたところで、早くも不満を持ちそう（㉑【44 聖杯4】）。早めに対処したほうが良いでしょう。

　また、最終結果は4ですから、この状況は4か月後か4月にならないと変わらないかもしれません。

まとめ

1、2週間後、もしかしたら学校へ行くと言って別のところで時間をつぶしている状況などが考えられます。そのことが明るみになったとき、先生などから怒られるだけならいいですが、警察を呼ぶような事態も考えられるため注意が必要です。行き先が分かるよう、バッグにGPSなどを仕込むのも方法かもしれません。

3週間後以降、話が分かる男性と女性が手を差し伸べてくれそうです。占いで出た「素晴らしいアイデア」とは、学校のクラスとは離れた環境で学びが始まることかもしれません。しかし、もともと飽きっぽい性格なのか、すぐにもやもやした気持ちを抱くかもしれません。

最終結果となるピラミッドの頂点に君臨するのは、倦怠感・不愉快・不満を意味する【44 聖杯4】正位置です。聖杯のため、感情から来る問題と言えますが、その感情は、大人になるために必要な自立を獲得する過程から来ているのかもしれません。中学生とはいえまだ幼いので、信じて見守ることが大切かもしれません。

＜その後＞

1週間後：月曜日と火曜日は学校へ行くと家を出たものの、本当に行ったのかは怪しいそうです。いままでもこういうことがあったため、手放しで喜べないそうです。

水曜日は家で過ごしていたところ、学校から電話があり、木曜日から学級閉鎖のためリモート授業になるとのこと。本人は迷っ

たようですが、受けることにしたようです。占いで出た「選択」に
該当するのは、これくらいだそうです。

　２週間後：学校へ行くときは質問者が車で送り、昇降口に入る
まで見守ることにしたそうです。金曜日も一緒に登校して、昇降
口に入るところを確認してから仕事へ行ったそうです。しかし、
その直後に校外へ出たようで、徘徊しているところを先生が見つ
けて保護したとの連絡が学校から来たそうです。警察沙汰にはな
らなかったものの、徘徊していたのは晴天の霹靂とのことです。

　３週間後：前週の事件のこともあり、担任と面談したそうで
す。厳しい言葉もあったものの先生が温厚なため、和やかに進ん
だとのこと。先生からフリースクールの提案があり、次週からそ
こへ行くことに決まったそうです。しかし、週末から自分の思い
通りにならないと物を壊すといった行動を取るようになり、父親
と取っ組み合うこともあったそうです。占いで出た「心が打ち解
けて率直な意見が言える」は、先生に対しては話し合いだったけ
ど、父親に対しては暴力という形をとったのでは？とのことで
す。

　４週間後：フリースクールは時間が短いこともあり、五月雨で
はあるけど行くようになったそうです。いつか行くようになるの
ではと、毎朝のように怒鳴っていた質問者も覚悟が決まったよう
で、子どもを見守れるようになったとのこと。占いに出ていた「女
性の救世主」は、母親である自分のことかもしれないとのことで
す。

5週間後：風邪をひいてしまい、この週は学校へ行けなかったとのこと。まさに「新しい道」が生まれたのに、「障害」が起きたそうです。

　6週間後：フリースクールは、自由に勉強できるため楽しいようですが、行く気分になれないなどで毎日は通えないようです。

　この状況はいつまで続くかについて、質問者が聖書を使って書物占いをすると、何度やっても「。」になるそうです。句点はひとつの文章の終わりを示すため、今年度が終わり進級すれば状況が変わると読めます。これは、タロットの占いの結果と一致するところです。

　息子さんに、このような生活をいつまで続けるのか聞いたところ、今年度中は無理だと言われたそうです。次年度までに心身を整え、再び学校へ行けるよう、当面は見守りたいとのことです。

おわりに

　アシェット・コレクションズ・ジャパン『週刊 占いの世界』において、エジプトタロットをはじめとしてマルセイユタロット、魔術タロット、エテイヤタロットなどの作画監修と原稿執筆をさせていただいたのですが、占い好きの一般読者に混じって、占い界の著名な方々も目を通していただいていたのをあとで知り、とても驚いたものです。

　その中のひとりが東海林秀樹先生です。多数の占術書を執筆され、『週刊 占いの世界』でも秘術を惜しみなく教示されている東洋の重鎮ですが、実はタロットにも造詣が深く、筆者のエジプトタロットを見てくださっていたとは夢にも思っていませんでした。

　クリスマスも近い頃、先生のお取り計らいで東洋書院の斎藤勝己氏に初めてお会いし、その場で「エジプトタロットの本、やりましょう！」と決断された心意気に動かされたものの、生来書くのが得意ではないため、「とんでもないことになっちゃったな……」なんて思いながら地下鉄に乗って帰ったものです。

　太陽が水瓶座15度の、いわゆる立春から書き始めたのですが、文章をはじめとした能力が低いばかりに、脱稿したのはちょうど1年後の立春を迎えた日でした。
　その後も書き終わったと思いきや、ぱらぱらと思い出したように書き加えているうちに時間が経ってしまいましたが、無事に世

に出ることを大変うれしく思います。

　東海林先生をはじめ、色々相談に乗ってくださった皆様にお礼を申し上げます。

　良い占い本は占いのノウハウだけでなく、最良の道徳書にもなっている場合が多いものです。この本を手に取ってくださった皆様の占いの教本となるだけでなく、今後の人生のささやかな道標にもなれたなら、なお幸いです。

参考文献

『大英博物館古代エジプト百科事典』イアン・ショー、ポール・ニ
　コルソン著、内田杉彦訳、原書房、1997 年

『古代エジプトシンボル辞典』リチャード・H・ウィルキンソン
　著、近藤二郎監修、伊藤はるみ訳、原書房、2000 年

『エジプト神イシスとオシリスの伝説について』プルタルコス著、
　柳沼重剛訳、岩波書店、1996 年

『イシス探求　バルトルシャイティス著作集（3）』ユルギス・バ
　ルトルシャイティス著、有田忠郎訳、国書刊行会、1992 年

『新・タロット図解』アーサー・E・ウェイト著、アレクサンドリ
　ア木星王監修、シビル岡田訳、魔女の家 BOOKS、1996 年

『秘伝　タロット占術』木星王著、大泉書店、1977 年

『中世絵師たちのタロット』オズヴァルド・ヴィルト著、今野喜和
　人訳、国書刊行会、2019 年

『マルセイユ版タロットのＡＢＣ』
　Colette Silvestre - Haéberlé 著、幸月シモン監修、星みわーる
　訳、郁朋社、2010 年

『Le Tarot Divinatoire』Papus 著、DANGLES、1980 年

『A Wicked Pack of Cards』Michael Dummett, Ronald Decker,
　Thierry Depaulis 著、Bristol Classical Pr、1996 年

『Histoire de la magie』Paul Christian 著、1870 年

『Les XXII lames hermétiques du tarot divinatoire』
　R. FALCONNIER 著、1896 年

『The Tarot』S. L. MacGregor Mathers 著、
　Amazon Services International, Inc、2009 年

『Brotherhood of Light Egyptian Tarot』Vicki Brewer 画、
　Church of Light、2009 年
『The Sacred Tarot』C. C. Zain 著、Church of Light、1994 年
『Ibis Tarot』Josef Machynka 著、AGM、1991 年
『The Egyptian Tarot』Giordano Berti、Tiberio Gonard 著、
　Silvana Alasia 画、Lo Scarabeo、1988 年
『Nefertari's Tarots』Silvana Alasia 画、Lo Scarabeo、2000 年
『Ramses：Tarot of Eternity』Giordano Berti、Severino Baraldi 画、
　Lo Scarabeo、2003 年
『Tarot of Cleopatra』Etta Stoico、Silvana Alasia 画、
　Lo Scarabeo、2006 年
『Ishbel's Temple of Isis Egyptian Tarot』Llewellyn、1989 年
『Practical Astrology』Comte De Saint-germain 著、Laird & Lee、
1901 年
『L' HOMME ROUGE DES TUILERIES』Paul Christian 著、1863 年

【著者紹介】

黒田 聖光（くろだ せいこう）

10代の頃よりカルトゥーシュカードに親しみ、1999年にプロへ。

主著書は『カルトゥーシュカードの使い方　日本語訳完全版』、『占いの世界』（エジプトタロット、マルセイユタロット、魔術タロット、エティヤタロットなど担当）アシェット・コレクションズ・ジャパン、『占い大全ト占』（ジオマンシー担当）成美堂出版など。

HP：https://spdt.jp/

X：@seikokuroda

エジプトタロットの世界

2023年11月13日　初刷発行

定価────本体2,700円＋税

著　者────黒田聖光

発行者────斎藤勝己

発行所────株式会社東洋書院

〒160-0003　東京都新宿区四谷本塩町15─8─8F

http://www.toyoshoin.com

電話　03─3353─7579

FAX　03─3358─7458

印刷所────株式会社平河工業社

製本所────株式会社難波製本

落丁本乱丁本は小社書籍制作部にお送りください。送料小社負担にてお取り替えいたします。本書の無断複写は禁じられています。

©KURODA SEIKOU 2023 Printed in Japan.

ISBN978-4-88594-561-8